支付业务季报 1

2011

Quarterly Payment Statistics and Analysis

中国人民银行支付结算司 编

中国金融出版社

责任编辑：黄海清
责任校对：李俊英
责任印制：程　颖

图书在版编目（CIP）数据

支付业务季报（Zhifu Yewu Jibao）. 2011 年. 第一季度/中国人民银行支付结算司编. —北京：中国金融出版社，2011.6
ISBN 978-7-5049-5960-7

Ⅰ. ①支… Ⅱ. ①中… Ⅲ. ①银行—业务核算—会计报表—中国—2011 Ⅳ. ①F832.2

中国版本图书馆 CIP 数据核字（2011）第 112388 号

出版发行 中国金融出版社
社址 北京市丰台区益泽路 2 号
市场开发部 （010）63266347，63805472，63439533（传真）
网上书店 http://www.chinafph.com
（010）63286832，63365686（传真）
读者服务部 （010）66070833，62568380
邮编 100071
经销 新华书店
印刷 天津市银博印刷技术发展有限公司
尺寸 210 毫米×285 毫米
印张 12
字数 170 千
版次 2011 年 6 月第 1 版
印次 2011 年 6 月第 1 次印刷
定价 100.00 元
ISBN 978-7-5049-5960-7/F.5520

支付业务季报（2011年第一季度）

编写组

组　长：欧阳卫民

副组长：樊爽文

执　笔：严　芳　杨　青　韩　露

张志杰　孙　茜　蒋　昕

徐　颖　卫亚男

审　稿：欧阳卫民　周金黄　樊爽文

程世刚　史英琪　张　怡

欧韵君　黄　萍　张莉英

胡　波　张　晔　谭静蕙

潘　松　郝雅红

内容概要

2011年第一季度支付业务统计数据显示，我国支付体系继续保持平稳高效运行，支付业务量稳步增长，增速小幅回落，经济发展内在动力充足，资金交易规模持续扩大，有力地提高了资金使用效率，加速了社会资金流通，保障了国民经济平稳较快的增长。

一、非现金支付工具业务量继续保持增长，社会资金交易活跃

2011年是我国实施“十二五”规划的第一年，第一季度国民经济继续朝着宏观调控预期方向发展，实现国内生产总值（GDP）9.63万亿元，同比增长9.7%，国民经济发展实现了良好开局，经济增长的内在动力比较充足，社会经济活动资金规模延续2010年以来的上升态势。第一季度非现金支付工具业务量继续保持增长，全国共办理非现金支付工具业务74.29亿笔，金额255.98万亿元，同比分别增长24.4%和27.3%，较上年同期笔数增速回落3.5个百分点，金额增速回落2.0个百分点。

（一）票据业务

票据业务金额大幅增长。第一季度，全国共发生票据业务2.07亿笔，金额75.67万亿元，笔数同比下降1.9%，金额同比增长15.0%。

东部地区经济基础雄厚，产业结构健全，企业经营活跃，票据业务量依然占全国的50%以上，中、西部和东北地区经济发展后势强劲，业务金额同比增速均高于东部地区10个百分点以上。随着我国经济发展战略区域规划逐步完善，经济基础较弱的中、西部和东北部地区，发展后势强劲，产业结构持续优化，我国区域经济协调发展的局面正逐渐形成。第一季度，东部地区票据业务笔数占全国业务量的53.1%，业务金额占全国业务量的71.2%；东、中、西部和东北地区票据业务金额增速

分别为11.8%、26.6%、21.9%和22.5%。

支票业务笔数同比下降，金额同比大幅增长，增速加快，平均每笔金额明显提高。第一季度，支票业务2.01亿笔，金额69.08万亿元，笔数同比下降2.2%，增速较上年同期回落6.3个百分点，金额同比增长14.7%，增速较上年同期上升9.5个百分点，平均每笔支票业务金额为34.39万元，同比增长17.4%。

商业汇票延续2010年以来快速上扬的态势，业务量保持较快增长，增速明显提高。第一季度，实际结算商业汇票业务279.10万笔，金额3.31万亿元，同比分别增长26.8%和36.7%，较上年同期增速分别加快14.8个百分点和15.8个百分点。电子商业汇票系统继续平稳运行。截至第一季度末，全国接入电子商业汇票系统的机构共有318家，比上季度末增加2家。第一季度，电子商业汇票系统出票3.69万笔，金额990.48亿元，承兑3.82万笔，金额1 023.11亿元，贴现1.25万笔，金额381.66亿元。

商业汇票逾期垫款金额环比小幅增长，国有商业银行逾期垫款金额大幅提高，票据潜在风险较大。第一季度末，全国银行业金融机构商业汇票逾期垫款金额为96.38亿元，环比增长1.6%。分地区看，商业汇票逾期垫款金额排名居前五位的广东（22.28亿元）、浙江（13.97亿元）、江苏（6.39亿元）、山东（4.83亿元）、湖北（4.70亿元）五省占比合计达54.1%。分行别来看，国有商业银行逾期垫款金额39.26亿元，环比增长25.3%，全国占比为40.7%，股份制商业银行逾期垫款金额38.84亿元，环比增长1.9%，全国占比为40.3%。

（二）银行卡业务

银行卡发卡量稳定增长，借记卡发卡同比增速加快，信用卡发卡同比增速放缓。银行卡受理环境明显改善，每台POS对应的银行卡数量比“十一五”初期减少半数以上。银行卡业务量持续大幅增长。社会公众使用银行卡意识不断增强，银行卡渗透率达到36.0%，银行卡消费对推动社会消费品零售市场发展发挥了积极作用。

截至第一季度末，全国累计发行银行卡25.53亿张，同比增长

17.7%，增速较上年同期上升2.8个百分点。其中，借记卡累计发卡量为23.10亿张，较2010年第四季度末增长5.7%，同比增长16.9%，增速较上年同期上升3.2个百分点。信用卡累计发卡量为2.42亿张，较2010年第四季度末增长5.5%，同比增长25.7%，增速较上年同期下降2.4个百分点。**信用卡累计发卡量占比小幅下降。**

截至第一季度末，银行卡跨行支付系统联网商户237.20万户，联网POS机具356.80万台，ATM 28.68万台，较2010年第四季度末分别增加18.90万户、23.40万台和1.58万台。第一季度末，我国每台ATM对应的银行卡数量为8 901万张，继续稳定在万张以下；每台POS对应的银行卡数量为716张，比2006年第一季度的1 496张减少半数以上。**银行卡受理环境明显改善。**

第一季度，银行卡业务69.52亿笔，同比增长25.6%，增速较上年同期下降3.7个百分点；金额75.28万亿元，同比增长42.1%，增速较上年同期下降13.6个百分点。其中，第一季度，银行卡存现业务12.63亿笔，金额13.40万亿元，同比分别增长20.1%和31.1%；银行卡取现业务30.96亿笔，金额14.98万亿元，同比分别增长24.6%和32.5%；银行卡转账业务12.30亿笔，金额43.65万亿元，同比分别增长29.7%和48.9%。**银行卡存取现、转账业务量持续大幅增长。**

第一季度，银行卡消费业务13.64亿笔，金额3.25万亿元，同比分别增长29.9%和51.3%。**以2010年年末全国总人口13.40亿人[①]计算，第一季度全国人均银行卡消费1.02笔和2 424元。银行卡渗透率达到36.0%，比上年同期提高4.0个百分点。**第一季度，全国银行卡卡均消费金额和笔均消费金额分别为1 272元和2 381元，同比分别增长28.6%和16.4%。

信用卡授信总额和信用卡期末应偿信贷总额（信用卡透支余额）均持续增长，信用卡逾期半年未偿信贷总额小幅增加，占期末应偿信贷总额比例较为稳定。截至第一季度末，信用卡授信总额2.09万亿元，同比

① 数据来自于国家统计局《2010年第六次全国人口普查主要数据公报（第1号）》。

增长41.4%，较2010年第四季度增加914.82亿元，增长4.6%；期末应偿信贷总额4 737.81亿元，同比增长90.6%，较2010年第四季度增加246.21亿元，增长5.5%。第一季度，信用卡逾期半年未偿信贷总额82.07亿元，较2010年第四季度增加5.18亿元，增长6.7%；信用卡逾期半年未偿信贷总额占期末应偿信贷总额的1.7%，占比与2010年第四季度持平。第一季度，国有商业银行信用卡逾期半年未偿信贷总额占期末应偿信贷总额的1.1%，占比与2010年第四季度持平；股份制商业银行信用卡逾期半年未偿信贷总额占期末应偿信贷总额的2.7%，较2010年第四季度上升0.1个百分点。

（三）汇兑等其他业务

汇兑、委托收款等结算方式业务快速增长，同比增速减缓。第一季度，汇兑、委托收款等结算方式业务2.70亿笔，金额105.03万亿元，同比分别增长20.0%和27.7%，较上年同期同比增速分别下降0.5个百分点和10.2个百分点。其中，汇兑业务2.62亿笔，金额101.61万亿元，同比分别增长20.2%和27.1%，较上年同期增速分别下降1.7个百分点和11.6个百分点。

二、支付系统平稳运行，业务量同比快速增长，社会资金往来规模持续扩大

第一季度，支付系统安全、高效提供各类支付清算服务，处理的业务笔数再创历史新高；大额实时支付系统业务量保持较快增长，日均处理业务金额首次突破5万亿元；小额批量支付系统业务量持续快速增长，社会公共支付需求进一步增强；同城票据清算系统业务量同比小幅降低；境内外币支付系统业务量环比小幅下降；银行业金融机构行内支付系统业务量继续较快增长，在支付服务市场中的基础性作用进一步加强；银行卡跨行支付系统业务量持续快速增长，金额增速环比明显下降。

第一季度，支付系统[①]共处理支付业务35.45亿笔，金额461.31万亿元，同比分别增长43.2%和30.0%，笔数增速较上年同期加快14.5个百分点，金额增速较上年同期下降13.2个百分点。**从支付系统资金往来情况[②]看，省（市、自治区）辖内资金流动量占比小幅上升。**第一季度，全国共19个省（市、自治区）的辖内资金流动量占本省（市、自治区）资金流动总量的比例超过50%。第一季度，处理资金总量最大的三个地区依次仍为北京、上海和广东[③]，三个地区的资金流动总量分别占全国资金流动总量的29.6%、13.0%和12.1%，三地资金流动总量占全国总量的54.7%，与2010年第四季度持平。**资金集散程度与经济发展程度关系密切，经济发展地域差异性明显。**

大额实时支付系统业务量保持较快增长，社会资金往来规模明显扩大，日均处理业务金额首次突破5万亿元。第一季度，大额实时支付系统处理业务0.77亿笔，金额306.44万亿元，同比分别增长14.2%和30.7%。业务金额是第一季度全国GDP总量的31.82倍，较2010年第四季度略有下降；日均处理业务127.96万笔，日均处理金额5.11万亿元[④]，同比分别增长14.2%和30.7%，较2010年第四季度日均处理业务笔数减少3.68万笔，金额增加1 374.29亿元。

小额批量支付系统业务量持续快速增长，社会公共支付需求进一步增强。第一季度，小额批量支付系统共处理业务1.13亿笔，金额4.79万亿元，笔数、金额同比分别增长66.7%和26.0%，占支付系统业务笔数和金额的3.2%和1.0%；日均处理业务128.15万笔，金额544.00亿元。

同城票据清算系统业务量同比小幅降低。第一季度，同城票据清算系统共处理业务1.00亿笔，金额17.55万亿元，同比分别下降8.5%和

---

① 支付系统包含大额实时支付系统、银行业金融机构行内支付系统、银行卡跨行支付系统、小额批量支付系统、同城票据清算系统及境内外币支付系统等6个系统。

② 包含大额实时支付系统、小额批量支付系统、银行业金融机构行内支付系统等3个系统处理的资金交易。

③ 含深圳市。

④ 2011年第一季度大额实时支付系统实际运行60个工作日，此处按实际运行工作日计算。

2.3%，分别占支付系统业务笔数和金额的2.8%和3.8%；日均处理业务166.80万笔，金额2 924.62亿元。

境内外币支付系统业务量环比小幅下降。第一季度，境内外币支付系统共运行60个工作日，处理支付业务15.87万笔，金额3 246.38亿元（494.00亿美元）[①]，较2010年第四季度分别下降3.8%和4.0%。

银行业金融机构行内支付系统业务量继续较快增长，在支付服务市场中的基础性作用进一步加强。第一季度，银行业金融机构行内支付系统共处理业务17.29亿笔，金额128.91万亿元，同比分别增长73.2%和34.0%，占支付系统业务笔数和金额的48.8%和28.0%；日均处理业务1 920.79万笔，金额1.43万亿元。

银行卡跨行支付系统业务量持续快速增长，金额增速环比明显下降。第一季度，银行卡跨行支付系统共处理业务15.26亿笔，金额3.30万亿元[②]，同比分别增长23.8%和40.0%，笔数增速较2010年第四季度上升0.6个百分点，金额增速较2010年第四季度下降7.2个百分点，日均处理业务笔数1 695.8万笔，金额367.0亿元。

三、银行结算账户数量继续保持平稳增长，社会经济活力持续增强

银行结算账户数量继续保持平稳增长，增速小幅回落，个人银行结算账户增速放慢，但仍然超过单位银行结算账户增速。截至第一季度末，全国共有银行结算账户35.01亿户[③]，环比增长3.7%，增速较上季度放缓0.7个百分点。其中，单位银行结算账户2 571.48万户，占银行结算账户的0.7%，环比增长3.4%，增速较2010年第四季度提高0.3个百分点；个人银行结算账户34.75亿户，占银行结算账户的99.3%，环比增长3.7%，增速较2010年第四季度放缓0.8个百分点。

单位银行结算账户数量稳步增长，基本存款账户数量占单位银行结算账户总数的近六成，一般存款账户环比和同比增幅均位居单位银行结算账户之首。截至第一季度末，全国单位银行结算账户2 571.48万户，

① 数据来源于中国人民银行境内外币支付系统。

② 数据来源于中国银联。

③ 银行结算账户数据来源于中国人民银行人民币银行结算账户管理系统，下同。

环比增长3.4%，同比增长14.0%。其中，基本存款账户1 522.08万户，一般存款账户783.42万户，专用存款账户241.38万户，临时存款账户24.59万户，分别占单位银行结算账户的59.2%、30.4%、9.4%和1.0%，环比分别增长3.2%、4.4%、1.8%和0.9%，同比分别增长14.8%、15.3%、6.6%和4.2%。

注册资金规模在100万元以下的中小企业开立的单位银行结算账户数量在全国总量中占有绝对优势；注册资金规模在1亿元以上的单位银行结算账户数量同比与环比均增长较快。截至第一季度末，注册资金100万元以下、100万~1 000万元、1 000万~1亿元和1亿元以上的企业开立的单位银行结算账户数量占比分别为71.5%、17.6%、8.3%和2.6%。环比分别增长3.8%、2.0%、2.6%和3.4%，同比分别增长13.1%、15.1%、18.8%和19.6%。

农业、批发零售业、服务业、房地产业、住宿餐饮、建筑等与社会公众联系较为密切的行业的银行结算账户数量随着行业的快速发展持续增长。各行业的单位银行结算账户延续了2010年第四季度的增长态势，截至第一季度末，增速在前五位的农林牧渔业、批发和零售业、租赁和商务服务业、居民服务和其他服务业以及房地产业等与社会公众联系较为密切的行业，同比增幅分别为22.3%、20.5%、19.9%、18.3%和17.7%。

房地产业单位银行结算账户数量继续增长，中西部省份增幅位居前列；房地产业一线地区单位结算账户数量环比增速低于全国总体平均水平。截至第一季度末，全国房地产业单位银行结算账户数量共计78.45万户，环比增长4.1%，环比增速较2010年第四季度提高0.2个百分点，自2010年第三季度和第四季度环比增速回落后再次上升，高出全国单位银行结算账户环比增速0.7个百分点。中部地区和西部地区房地产业单位银行结算账户数量环比增速分别为5.4%和4.5%，高于全国4.1%的总体平均水平。北京、上海、广东、江苏等房地产发展一线地区房地产业单位银行结算账户数量增速明显放缓，环比增速已连续四个季度低于全国平均水平，我国房地产调控政策对房地产发展一线地区的调控效果初步显现。

制造业单位银行结算账户环比持续增长，在单位银行结算账户总量中占比持续下降。截至第一季度末，制造业单位银行结算账户共计440.21万户，环比增长2.7%，环比增速较2010年第四季度上升0.8个百分点，同比增长9.8%，同比增速提高2.4个百分点。制造业单位银行结算账户数量占全行业单位银行结算账户数量的比重为17.1%，较2010年第四季度下降0.1个百分点。

境外机构开立银行结算账户数量以基本存款账户为主。截至第一季度末，境外机构共开立人民币银行结算账户1 620户，其中，基本存款账户1 460户，占境外机构账户总数的90.1%。**境外机构银行结算账户主要集中于跨境贸易人民币结算首批试点地区。**深圳、上海和广东三地境外机构银行结算账户数量合计达到1 173户，占境外机构账户总数的72.4%。

个人银行结算账户数量保持高速增长态势。超过六成的个人银行结算账户分布在经济大省或人口大省。截至第一季度末，个人银行结算账户34.75亿户，环比增长3.7%，同比增长20.1%，同比增幅连续七个季度稳定在17%以上。个人银行结算账户数量占比前十名的省（市）是广东[①]、江苏、浙江、山东、河南、福建、上海、四川、北京、辽宁，十省（市）个人银行结算账户共计21.78亿户，全国占比合计达62.7%。

---

① 含深圳市。

目　录

第一部分　报表分析说明

专栏

表

图

第二部分　支付业务报表

第三部分　支付业务地域及行别分布状况

第一部分

报表分析说明

一、非现金支付工具

2011 年是我国实施“十二五”规划的第一年，第一季度国民经济继续朝着宏观调控预期方向发展，实现国内生产总值（GDP）9.63 万亿元，同比增长 9.7%，比上年同期减缓 2.2 个百分点。国民经济在第一季度实现了良好开局，国内经济增长的内在动力比较充足，社会经济活动资金规模延续 2010 年以来的上升态势，非现金支付工具业务量继续保持增长，但增速回落（如图 1）。

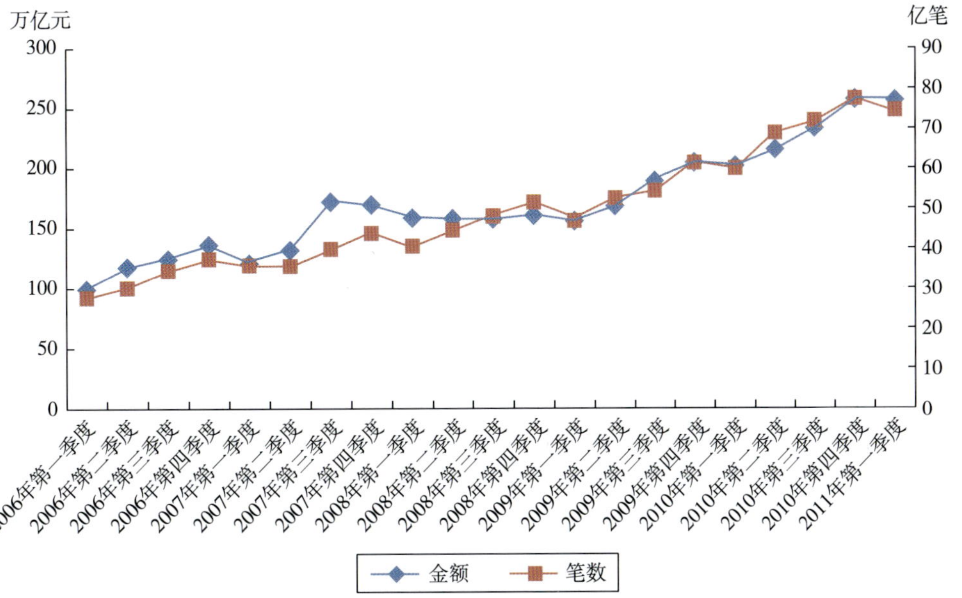

图 1　2006 年第一季度以来非现金支付工具业务量趋势图

第一季度，企业生产经营活跃，受原材料、能源、劳动力等生产要素价格上升和通胀预期的影响，生产主体为确保经营规模的延续性，需要相应扩大保障生产所需的资金总量，在不缩小经营规模前提下，经济活动交易资金总量相应扩大。第一季度，全国共办理非现金支付工具业务 742 903.66 万笔，金额 2 559 784.67 亿元，同比分别增长 24.4% 和 27.3%，较上年同期笔数增速回落 3.5 个百分点，金额增速回落 2.0 个百分点，较 2010 年第四季度笔数增速回落 2.0 个百分点，金额增速加快 1.4 个百分点。

从增长趋势看，非现金支付工具业务量增速变动趋势与 GDP 增速变动趋势基本一致，但非现金支付工具业务量受季节性因素影响明显，增速波动幅度远大于 GDP 增速波动幅度。非现金支付工具业务金额自第 2008 年第三季度以后持续保持快速增长的势头，尤其是在 2009 年第一季度以后同比增速与 GDP 同比增速变动保持着较强的趋同性（如图 2）。

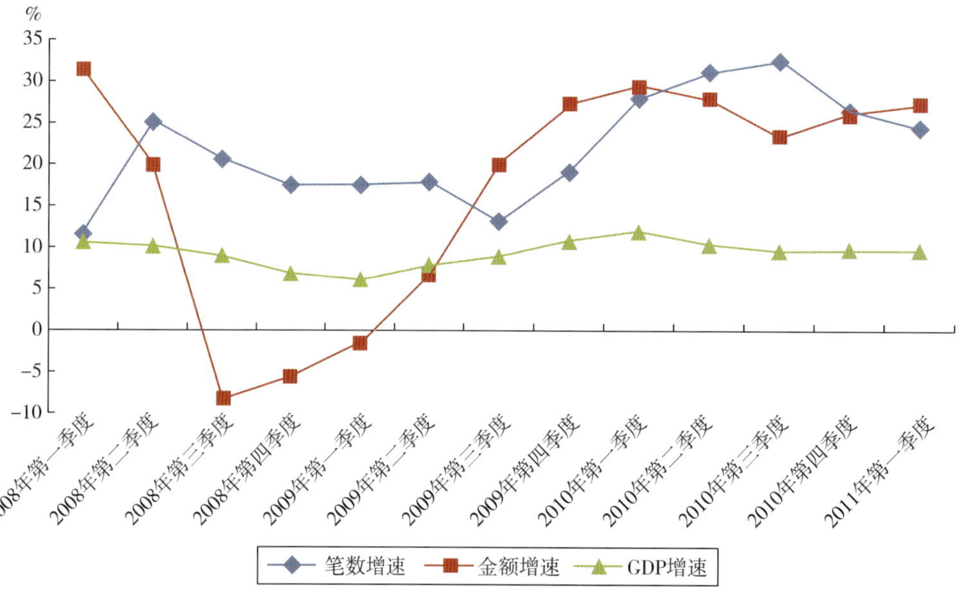

图 2　2008 年第一季度以来非现金支付工具业务笔数、金额、GDP 增速趋势图

2003—2010 年，我国非现金支付工具对现金的替代作用愈加明显，M_0/GDP 持续保持下降趋势（如图 3）。2010 年我国 M_0/GDP 值为 11.2，与 2009 年持平，低于 2009 年东亚地区的日本和中国香港，但与北美、欧洲发达国家或地区相比仍存在不小差距（见表 1）。

表 1　2009 年部分国家或地区 M_0/GDP 统计表[①]

单位：%

	美国	加拿大	英国	欧元区[②]	中国香港	日本	中国
M_0/GDP	6.1	3.7	3.6	8.6	11.9	16.2	11.2

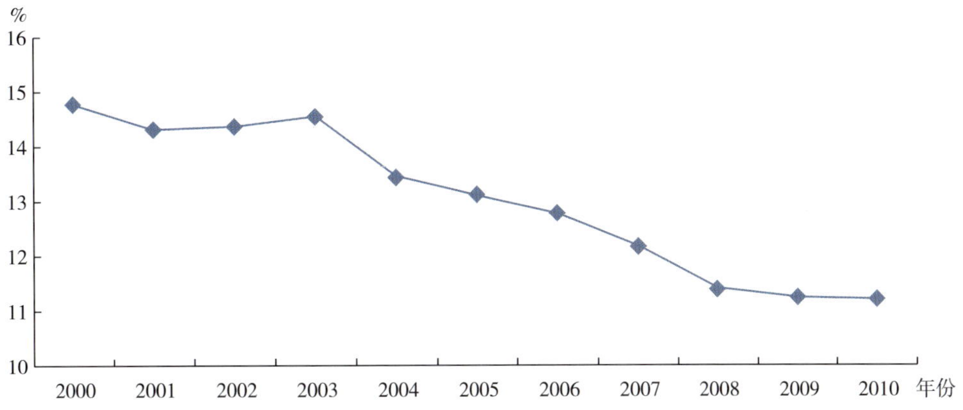

图 3　2000 年以来我国 M_0 占 GDP 比例趋势图

从非现金支付工具分布来看，票据业务量占比持续下降，银行卡业务量占比稳步提升，结算方式业务量占比基本不变。第一季度，全国共发生票据业务 20 716.62 万笔，金额 756 676.55 亿元，占非现金支付工具业务量的 2.8% 和 29.6%，占比同比分别下降 0.7 个百分点和 3.1 个百分点；银行卡业务 695 230.04 万笔，金额 752 788.17 亿元，占非现金支付工具业务量的 93.6% 和 29.4%，占比同比分别上升 0.9 个百分点和 3.0 个百分点；汇兑、委托收款等结算方式业务 26 957.00 万笔，金额 1 050 319.95亿元，占非现金支付工具业务量的 3.6% 和 41.0%，笔数占比同比下降 0.2 个百分点，金额占比同比上升 0.1 个百分点（如图 4、图 5）。

---

① 我国 M_0、GDP 为 2010 年统计数据。其他国家数据来自 BIS 报告 *Statistics on Payment and Settlement Systems in Selected Countries* 2009，均为 2009 年数据。

② 欧元区包括奥地利、比利时、芬兰、法国、德国、爱尔兰、希腊、意大利、卢森堡、荷兰、葡萄牙、西班牙、斯洛文尼亚。

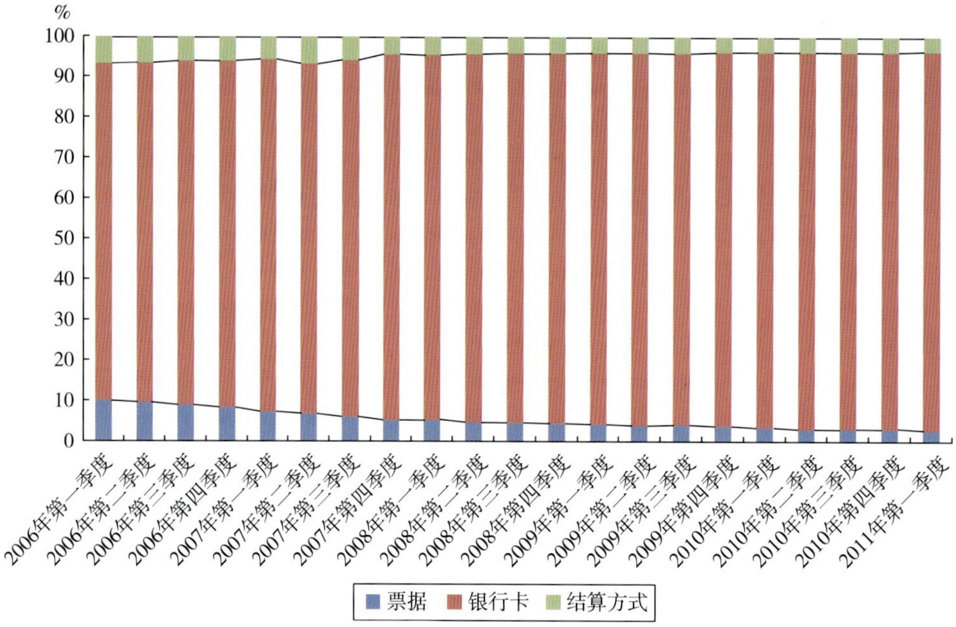

图4 2006 年第一季度以来支付工具业务笔数占比变动趋势图

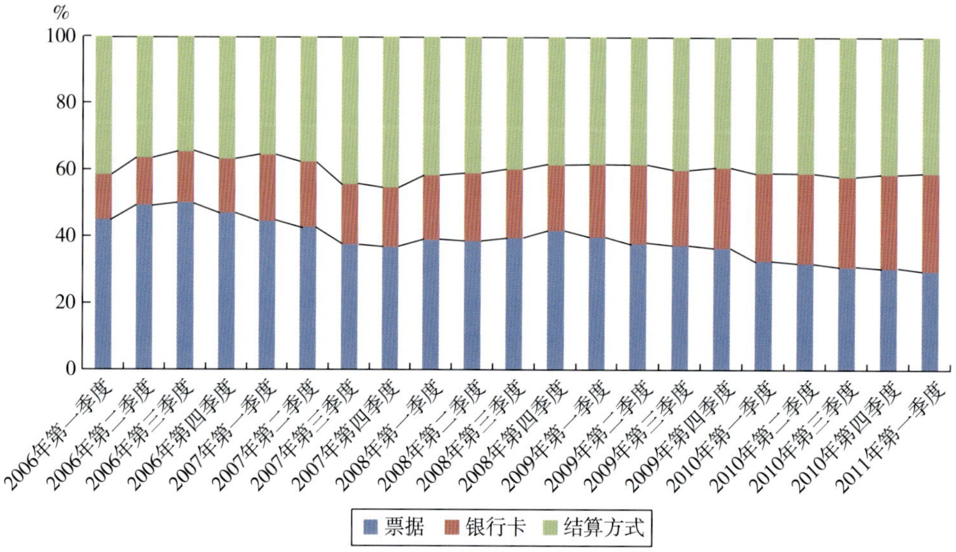

图5 2006 年第一季度以来支付工具业务金额占比变动趋势图

票据业务笔数同比略微下降，但业务金额增长较快，银行卡和结算方式业务量持续增长。第一季度，票据业务笔数同比下降 1.9%，较上年同期回落 6.3 个百分点，金额同比增长 15.0%，较上年同期上升 8.6 个百分点；银行卡业务笔数同比增长 25.6%，较上年同期回落 3.7 个百分点，金额同比增长 42.1%，较上年同期回落 13.6 个百分点；结算方式业务笔数同比增长20.0%，较上年同期回落0.5个百分点，金额同比增长27.7%，较上年同期回落10.2个百分点。

专栏1　河北省重点行业非现金支付工具偏好分析

为充分了解重点企业对非现金支付工具的应用取向，进一步增强河北省支付结算业务拓展的针对性，充分发挥支付结算服务对地方经济的推动作用，中国人民银行石家庄中心支行组织银行机构开展了非现金支付工具应用情况调研，对辖内部分重点行业非现金工具使用偏好进行了分析研究。

河北省的主导产业主要包括铁工业、医药、石油化工、装备制造、建材建筑等。本次调研采取了银行机构内部调查、客户询问和抽查重点客户业务量等方式，选取了242个重点客户，涉及钢铁、医药、化工、制造、房地产、建筑、行政事业、交通运输、电力、批发零售等二十余个行业领域。

一、非现金支付工具应用客户数量分析

从各类非现金支付工具的客户数量来看，使用支票、汇兑[①]、网上银行结算的客户数量最多，应用范围最广。

支票业务仍占据着主导地位。支票作为客户国内支付结算的基础产品，由于手续简便，资金清算及时，各类企业均有使用。242个重点客户中，共有208个客户使用支票结算，占样本客户总量的85.95%。

汇兑业务稳步增长。汇兑业务以其快捷、方便、覆盖面广、手续费低等优势被广泛应用。随着大、小额支付系统的完善与普及，电汇到账时间越来越快，逐渐成为企业异地跨行划款不可或缺的支付结算工具，客户的依存度越来越高。242个重点客户中，使用汇兑结算方式的客户197个，占样本客户总量的81.40%。

网上银行业务发展迅速。网上银行的方便、快捷、操作简单等特点极大满足了当今客户对时间、速度和操作人性化的要求，特别是网银跨行清算系统的投产为商业银行提升网上银行服务水平提供了有效支撑，进一步推动了网银业务的迅猛发展。242个重点客户中，使用网上银行结算的客户123个，占样本客户总量的50.83%。

① 指客户在银行机构柜台使用电汇凭证办理的业务，下同。

专栏表1-1　各类非现金支付工具使用客户数量统计表

单位：个、%

排名	结算方式	使用的客户数量	占样本客户总量的比例
1	支票	208	85.95
2	汇兑	197	81.40
3	网上银行	123	50.83
4	银行承兑汇票	82	33.88
5	商业承兑汇票	2	0.83
6	银行本票	2	0.83

从不同行业的非现金支付工具客户数量来看，化工、批发零售、采矿、医药、卫生等行业重点客户均使用了支票结算；房地产、批发零售、采矿、医药、教育卫生等行业重点客户均使用了汇兑方式；建筑、制造、金融、批发零售等行业网银客户数占比较高，上述行业的网银客户数分别占各行业客户数的比例分别为87.5%、67.57%、66.67%和57.89%；批发零售、采矿、医药、制造、化工等行业银行承兑汇票客户数占比较高，上述行业银行承兑汇票客户数分别占各行业客户数的比例分别为63.16%、62.50%、57.14%、48.65%和45.45%。

二、非现金支付工具结算量占比分析

从各类非现金支付工具的结算量占比情况来看，大多数客户以网上银行、支票、汇兑作为主要的结算方式，结算量占本单位结算总量的比例较大。

网上银行的使用频率最高，支票的使用频率仅次于网银。在抽取的242个客户中，网上银行结算量占本单位结算总量的比例超过50%的客户77个，占网上银行客户量的62.60%；支票结算量占比超过50%的客户65个，占支票客户量的31.25%；汇兑结算量占比超过50%的客户61个，占汇兑客户量的30.96%；银行承兑汇票结算量占比超过50%的客户17个，占银行承兑汇票客户量的20.73%。

商业承兑汇票、银行本票等方式使用很少。使用以上两种方式结算的客户，商业承兑汇票、银行本票的结算量占本单位结算总量的比例均在50%以下。

专栏表 1－2　各类非现金支付工具业务量占比超过 50％的客户数量表

单位：个、%

排名	结算方式	业务占比超过 50% 的客户数量	占使用客户数量的比例
1	网上银行	77	62.60
2	支票	65	31.25
3	汇兑	61	30.96
4	银行承兑汇票	17	20.73
5	商业承兑汇票	0	0
6	银行本票	0	0

从不同行业的非现金支付工具结算量占比情况来看，网银结算量占比以金融业最高，教育、卫生、行政事业单位网银业务较少；汇兑业务较多的是教育卫生、建筑、交通运输、房地产业，制造业使用汇兑较少；行政事业单位、采矿业的支票业务占比最高，分别占本行业非现金结算量的 64.43% 和 43.50%；钢铁、制造业、医药、批发零售业的银行承兑汇票结算量占比较大，商业承兑汇票和本票的在各个行业使用率都很低。

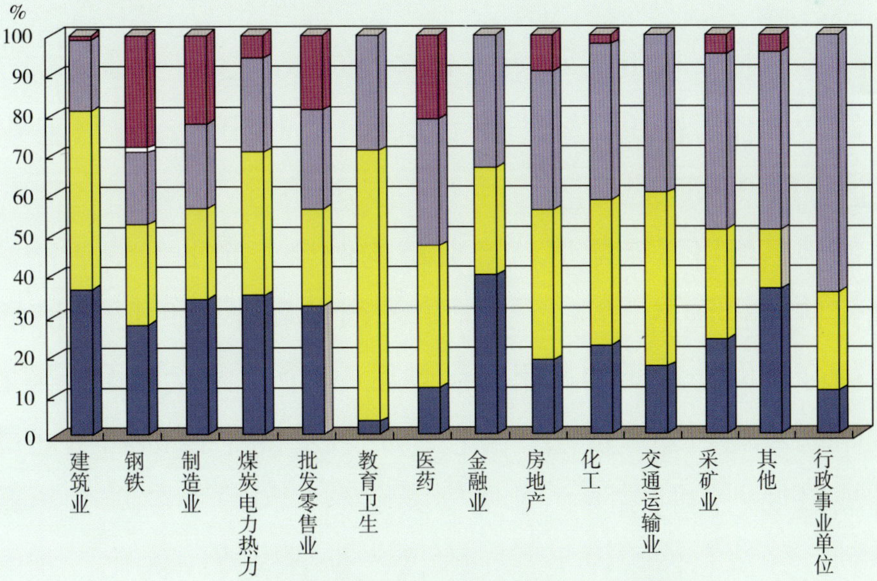

专栏图 1－1　重点行业非现金支付工具使用占比示意图

三、政策建议

一是督促银行业金融机构加强安全管理和技术手段创新，提高电子支付的安全性。进一步提高网上银行的安全管理能力，不断完善业务流程和安全机制，为网上银行等新兴电子支付业务的推广应用提供有力的技术支持和保障。

二是积极引导银行业金融机构将发展客户与完善系统功能相结合。加强网上银行系统建设，在积极发展网上银行客户的同时，要进一步优化完善系统功能，拓展网上银行的服务范围，使网上银行业务功能与社会多元化需求充分接轨。

三是加强对社会公众的宣传和培训，普及电子支付安全常识。一方面，要帮助客户正确认识并使用网上银行的各类安全保障措施，消除客户对网上银行的恐惧心理；另一方面，要加大对广大网上银行用户的安全常识教育，使客户养成良好的使用习惯，全面提高客户操作能力和风险防范能力。

（中国人民银行石家庄中心支行支付结算处供稿）

（一）票据

第一季度，全国共发生票据业务 20 716.62 万笔，金额 756 676.55 亿元，笔数同比下降 1.9%，金额同比增长 15.0%，日均业务 230.18 万笔[①]，金额 8 407.52 亿元。

东部地区经济基础雄厚，产业结构健全，企业经营活动活跃，业务量继续保持在全国的 50% 以上，中、西部和东北地区经济发展后势强劲，业务金额同比增长均高于东部地区 10 个百分点以上。随着我国经济发展战略区域规划逐步成熟，经济基础较弱的中西部和东北部地区在国务院各战略规划的刺激下，享受中央财政、税收等各项优惠政策，发展后势强劲，经济总体规模不断扩大，产业结构持续优化，我国区域经济协调发展的局面正逐步形成，各区域经济的快速增长带动票据业务量不

① 按 90 日计算，如无特别注明，下同。

断提升。第一季度，西部地区票据业务笔数、业务金额同比分别增长16.4%和21.9%；东部地区票据业务量依然较大，业务笔数占全国业务量的53.1%，业务金额占全国业务量的71.2%；东北地区票据业务量占比小，但业务金额同比快速增长（见表2，如图6）。

表2　2011年第一季度各地区票据业务发展状况统计表

单位:%、个百分点

地区	笔数			金额		
	占比	占比同比变动	同比增长率	占比	占比同比变动	同比增长率
东部地区	53.1	0.3	-1.3	71.2	-2.0	11.8
中部地区	16.5	-4.8	-23.9	12.0	1.1	26.6
西部地区	23.5	3.8	16.4	12.8	0.7	21.9
东北地区	6.9	0.7	9.6	4.0	0.2	22.5

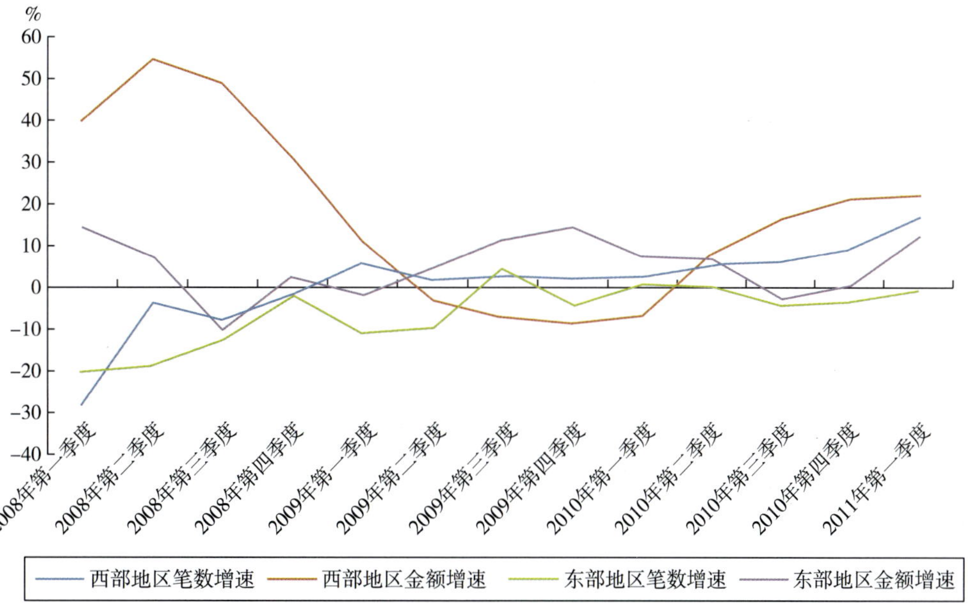

图6　2008年第一季度以来西部、东部地区票据同比增速变动趋势图

1. 支票

支票业务量笔数同比下降，金额同比大幅增长，增速加快，支票单笔金额大幅上升。第一季度，支票业务20 088.06万笔，金额690 758.92

亿元。笔数同比下降 2.2%，增速较上年同期回落 6.3 个百分点，金额同比增长 14.7%，增速较上年同期上升 9.5 个百分点。日均业务 223.20 万笔，金额 7 675.10 亿元，平均每笔支票业务金额为 34.39 万元，同比增长 17.4%（如图 7）。第一季度单位支票业务 19 859.09 万笔，金额 689 608.46 亿元，笔数同比下降 2.2%，金额同比上升 14.8%；个人支票业务 228.97 万笔，金额 1 150.46 亿元，笔数同比下降 6.7%，金额同比上升 2.7%。

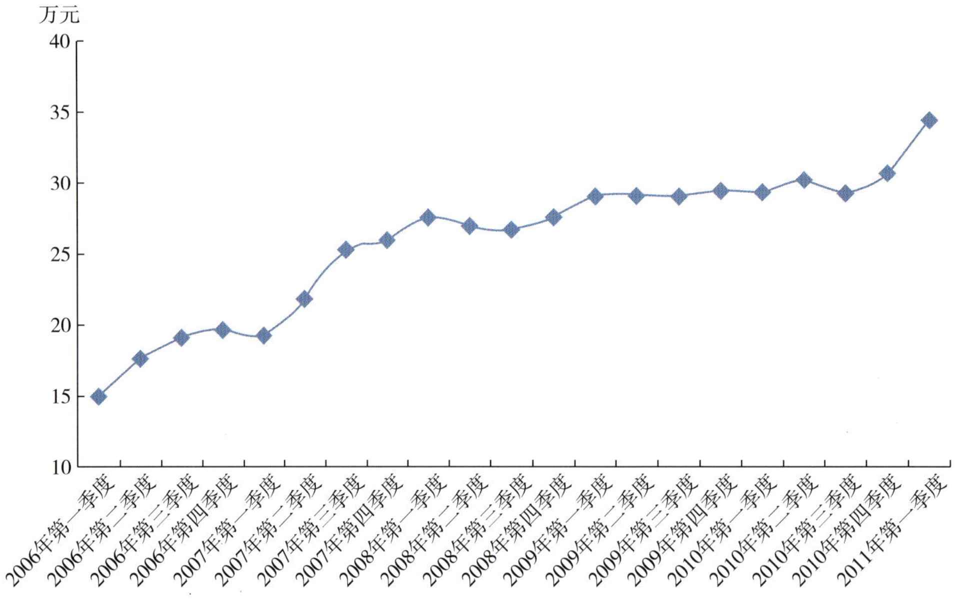

图 7　2006 年第一季度以来每季平均单笔支票金额增长趋势图

北京、上海等经济较发达地区支票业务平稳发展，笔数同比略有下降，金额同比略有上升。第一季度，北京、广东、浙江、江苏、山东、上海六省（市）支票业务 8 496.40 万笔，同比下降 3.0%，占全国业务笔数比重达 42.3%，占比同比下降 0.3 个百分点。六省（市）支票业务金额 423 731.27 亿元，同比上升 10.6%，全国占比达 61.3%，占比同比下降 2.4 个百分点。其他地区共发生支票业务 11 591.66 万笔，同比下降 1.7%，金额 267 027.65 亿元，同比增长 22.1%（如图 8、图 9）。

违规支票数量和金额同比下降，实际处罚支票的笔数、金额同比下降。第一季度，针对签发空头支票和签发与预留签章不符支票的违规行

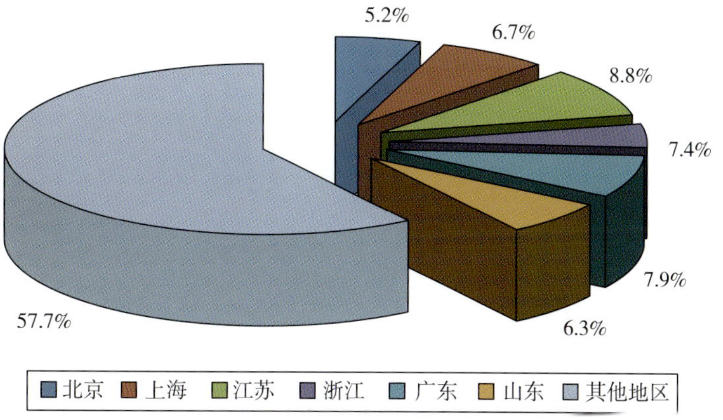

图 8　2011 年第一季度主要地区支票业务笔数占比示意图

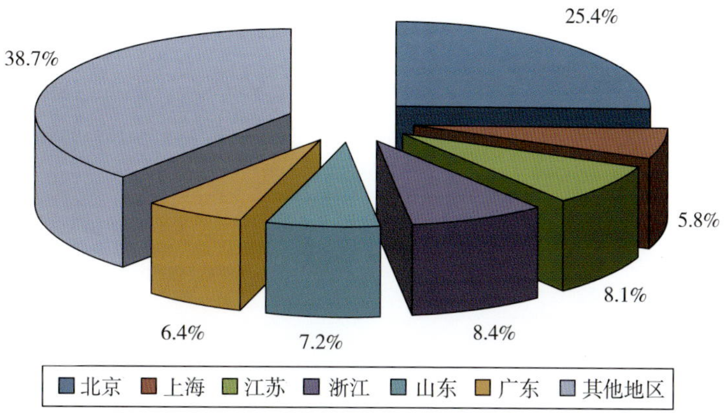

图 9　2011 年第一季度主要地区支票业务金额占比示意图

为，全国共查处违规支票 4. 16 万笔，涉及金额 56. 74 亿元，同比分别下降 9. 4% 和 3. 2% 。实际处罚违规支票 2. 00 万笔，同比下降 11. 5% ；罚款金额 0. 60 亿元，同比下降 3. 2% 。

第一季度，广东、上海、深圳、浙江、辽宁五省（市）共查处违规支票 3. 97 万笔，金额 54. 83 亿元，分别占全国违规支票的 95. 4% 和 96. 6% ；实际处罚违规支票行为 1. 86 万笔，罚款金额 0. 56 亿元，分别占全国实际处罚违规支票的 93. 0% 和 93. 3% 。

2. 商业汇票

商业汇票延续 2010 年以来快速上扬的态势，业务量保持高速增长，

增速加快。第一季度，实际结算商业汇票业务 279.10 万笔，金额 33 093.36亿元，同比分别增长 26.8% 和 36.7%，较上年同期增速分别加快 14.8 个百分点和 15.8 个百分点。实际结算商业汇票笔数及金额延续持续上扬的态势（如图 10）。

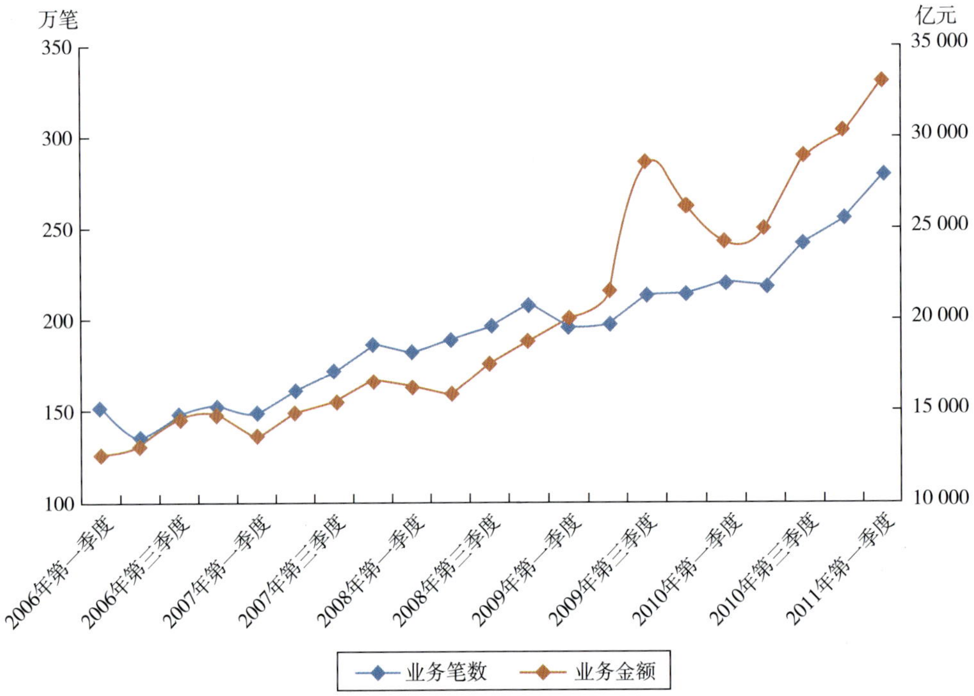

图 10　2006 年第一季度以来商业汇票业务量变动趋势图

电子商业汇票系统平稳运行，使用效率逐步提高。截至第一季度末，全国接入电子商业汇票系统的机构共有 318 家。第一季度，受春节假期的影响，电子商业汇票系统出票、承兑、转贴现业务量环比下降（见表 3）。其中，出票 36 877 笔，金额 990.48 亿元，环比分别增长 1.7% 和下降 23.9%，笔均 268.59 万元；平均每个工作日[①]完成出票 615 笔，金额 16.51 亿元。承兑 38 201 笔，金额 1 023.11 亿元，环比分别增长 2.6% 和下降 24.8%，笔均 267.82 万元；平均每个工作日承兑 637 笔，金额 17.05 亿元。贴现 12 498 笔，金额 381.66 亿元，环比分别增长 0.2% 和 4.6%，笔均 305.38 万元。转贴现 15 020 笔，金额 444.01 亿

① 2011 年第一季度，电子商业汇票系统运行工作日为 60 天。

元，环比分别增长48.3%和下降9.0%。通过大额支付系统发生票款对付业务13 448笔，金额377.38亿元，环比分别增长99.5%和38.2%，笔均280.62万元。系统共收到纸质商业汇票登记674.81万笔，提供纸质商业汇票查询服务27 848笔。

表3 电子商业汇票系统业务量统计表

单位：笔、亿元、%

业务类别	笔数			金额		
	2010年第四季度	2011年第一季度	环比增长	2010年第四季度	2011年第一季度	环比增长
出票	36 271	36 877	1.7	1 302.23	990.48	-23.9
银行承兑汇票	34 114	35 470	4.0	764.78	832.55	8.9
商业承兑汇票	2 157	1 407	-34.8	5 37.45	157.93	-70.6
承兑	37 230	38 201	2.6	1 361.26	1 023.11	-24.8
银行承兑汇票	34 357	36 694	6.8	769.76	857.92	11.5
商业承兑汇票	2383	1 507	-36.8	576.16	165.19	-71.3
贴现	12 470	12 498	0.2	364.99	381.66	4.6
转贴现	10 129	15 020	48.3	487.88	444.01	-9.0
通过大额支付系统发生票款对付业务	6741	13 448	99.5	273.03	377.38	38.2

银行承兑汇票业务继续增长，增速加快，浙江、江苏等地区业务量占比较大。第一季度，全国实际结算银行承兑汇票业务273.28万笔，金额31 337.40亿元，同比分别增长27.7%和37.5%，笔数和金额增速较上年同期加快16.1个百分点和16.0个百分点。第一季度，银行承兑汇票笔数和金额分别占商业汇票业务量的97.9%和94.7%，笔数占比和金额占比同比分别上升0.7个百分点和0.6个百分点。笔数居前六位的浙江、江苏、山东、河南、广东、湖北共发生银行承兑汇票业务181.88万笔，占全国银行承兑汇票业务量的66.6%；金额居前六位的浙江、江苏、山东、广东、河南、上海共发生银行承兑汇票业务18 048.50亿元，

占全国银行承兑汇票业务量的57.6%（如图11、图12）。

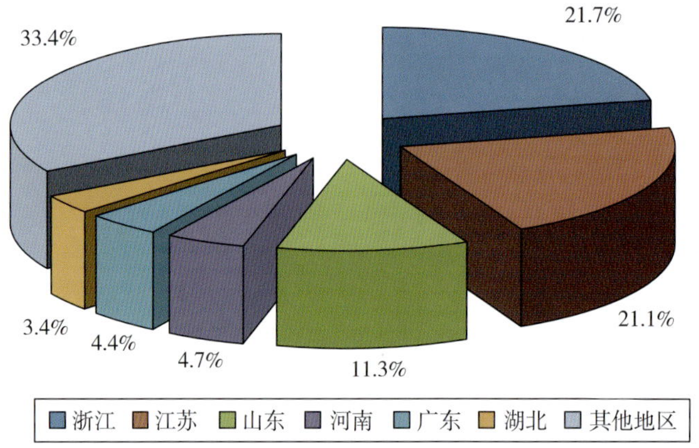

图11　2011年第一季度各省（市、自治区）银行承兑汇票业务笔数占比示意图

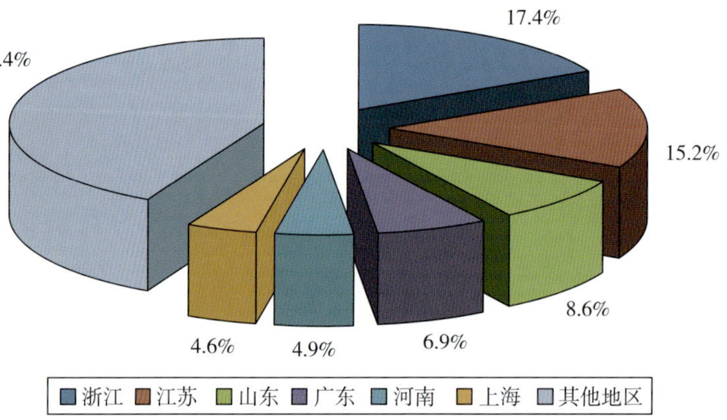

图12　2011年第一季度各省（市、自治区）银行承兑汇票业务金额占比示意图

商业承兑汇票业务笔数同比下降，业务金额持续增长。第一季度，实际结算商业承兑汇票业务5.82万笔，金额1 755.96亿元，笔数同比下降4.0%，金额同比增长23.6%。上海、山东、浙江、广东、深圳、湖北等六省（市）商业承兑汇票业务笔数全国占比较大，合计达73.1%，浙江、北京、上海、广东、江苏、山东等六省（市）商业承兑汇票业务金额全国占比较大，合计达84.0%（如图13、图14）。

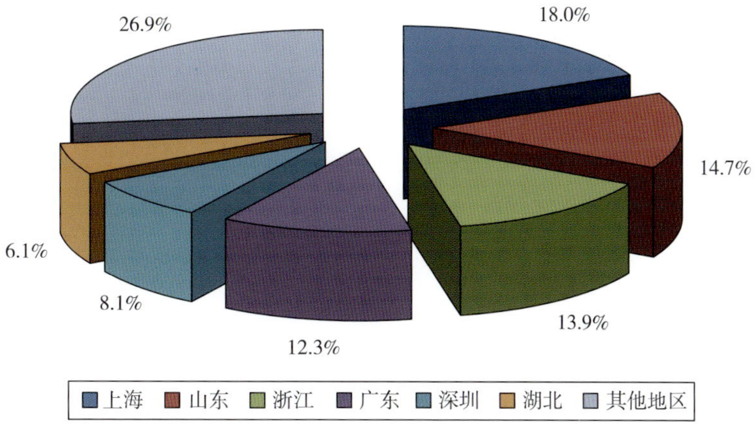

图 13　2011 年第一季度各省（市、自治区）商业承兑汇票业务笔数占比示意图

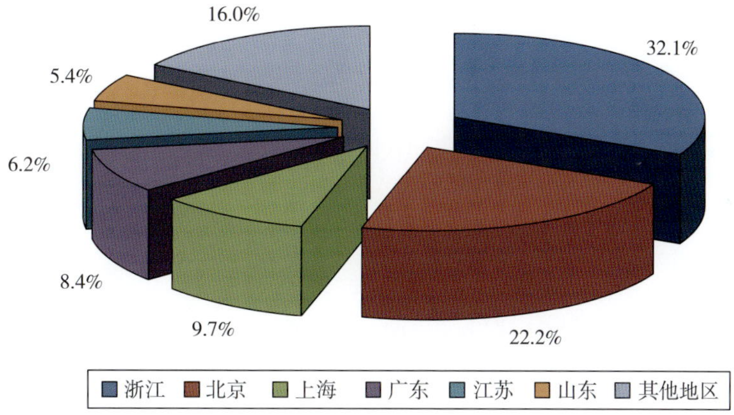

图 14　2011 年第一季度各省（市、自治区）商业承兑汇票业务金额占比示意图

票据融资余额持续下降[①]。2011 年以来，金融机构继续加大信贷资产结构调整力度，压缩票据规模以满足一般贷款需求，票据融资余额比年初下降 2 622.00 亿元。累计贴现 6.90 万亿元，同比增长 12.8%。期末商业汇票未到期金额 5.90 万亿元，同比增长 33.6%；贴现余额 1.20 万亿元，同比下降 29.7%（如图 15）。

① 本段涉及数据来源于中国人民银行发布的《中国货币政策执行报告》（2011 年第一季度）。

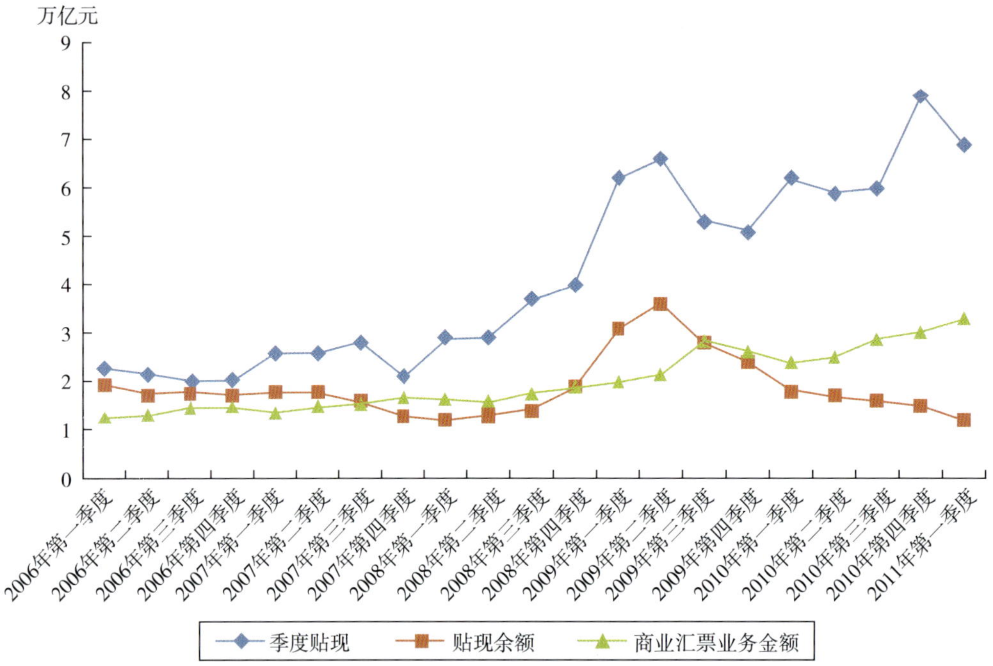

图 15　2006 年第一季度以来票据贴现金额、余额、商业汇票业务金额趋势图

商业汇票逾期垫款金额环比和同比略微上升，票据风险应多关注。 2007 年以来，商业汇票逾期垫款金额总体呈下降趋势（如图 16）。第一季度末，全国银行业金融机构商业汇票逾期垫款金额为 96.38 亿元，环比上升 1.6%，同比上升 0.7%。分行别看，国有商业银行逾期垫款金额 39.26 亿元，环比增长 25.3%，全国占比为 40.7%，较 2010 年第四季度占比上升 7.7 个百分点；股份制商业银行逾期垫款金额 38.84 亿元，环比上升 1.9%，全国占比为 40.3%，较 2010 年第四季度占比上升 0.1 个百分点；其他金融机构[①]逾期垫款金额 18.28 亿元，环比下降 28.2%，全国占比为 19.0%，较 2010 年第四季度占比下降 7.8 个百分点。分地区看，商业汇票逾期垫款金额排名居前五位的广东（22.28 亿元）、浙江（13.97 亿元）、江苏（6.39 亿元）、山东（4.83 亿元）、湖北（4.70 亿元）五省占比合计达 54.1%。

---

① 其他金融机构包括城市商业银行、城市信用社、农村商业银行、农村信用社、中国邮政储蓄银行、外资银行，下同。

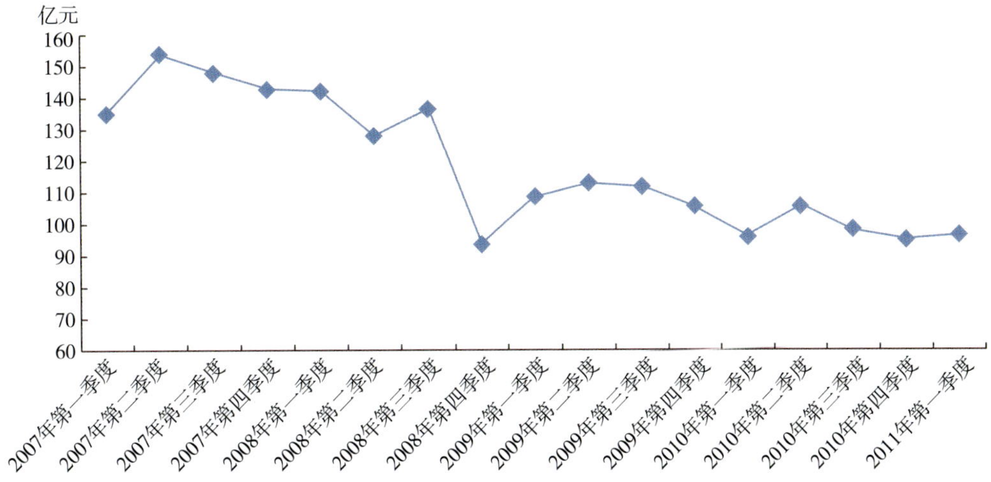

图 16　2007 年第一季度以来商业汇票逾期垫款金额变动趋势图

涉农金融机构[①]**票据逾期垫款金额环比大幅回落。**第一季度末，涉农金融机构逾期垫款金额为 19.13 亿元，金额环比下降 29.2%，较 2010 年第四季度环比大幅减少 42.6 个百分点，低于第一季度全国环比增速 30 个百分点（如图 17）。

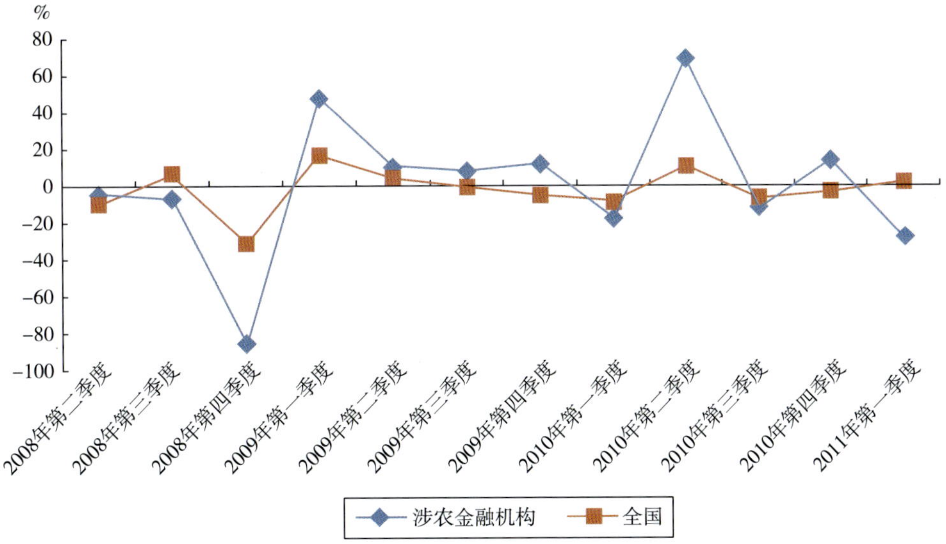

图 17　2008 年第二季度以来商业汇票逾期垫款金额环比变动趋势图

① 包括中国农业银行、农村信用社、农村商业银行和农村合作银行。

3. 银行汇票、银行本票

银行汇票业务量延续下降趋势，华东三省一市的银行汇票业务量占比同比增长。第一季度，银行汇票业务137.57万笔，金额8 351.83亿元，同比分别下降15.2%和15.6%。其中，上海、江苏、浙江和安徽华东三省一市共发生银行汇票业务笔数98.61万笔，金额6 722.87亿元，分别占全国业务量的71.7%和80.5%，占比同比分别增长2.4个百分点和5.9个百分点（见表4）。

银行本票业务同比增长。第一季度，银行本票业务210.35万笔，同比增长10.1%，金额22 388.96亿元，同比增长7.1%（如图18）。上海、江苏、浙江和安徽华东三省一市共发生银行本票业务笔数206.26万笔，金额21 825.27亿元，分别占全国业务量的98.1%和97.5%（见表5）。

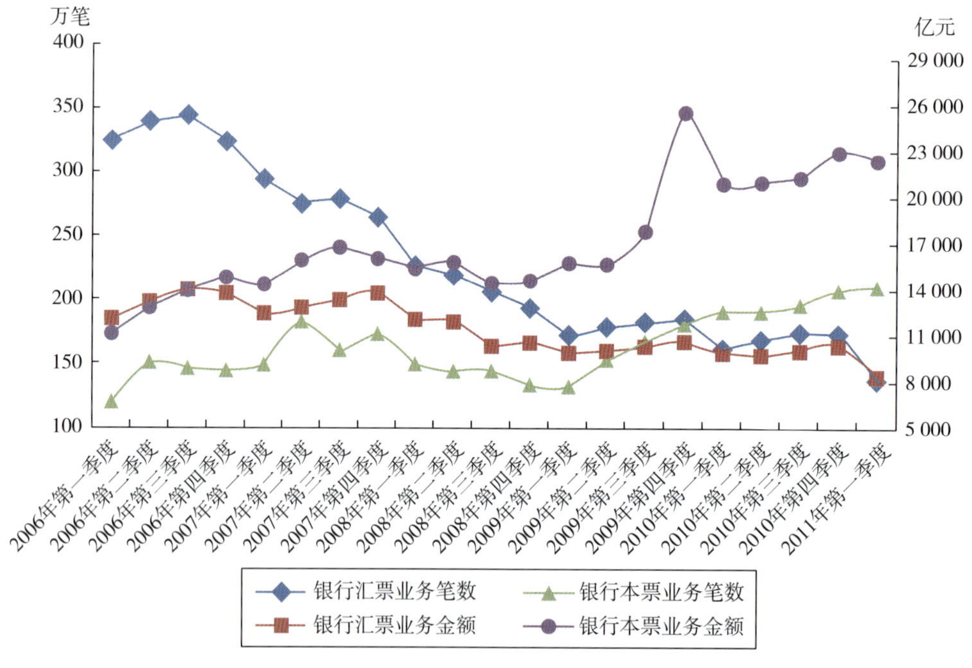

图18　2006年第一季度以来银行票据业务量变动趋势图

表4　2011 年第一季度银行汇票业务对比表

单位：%、个百分点

地区	2010 年第一季度		2011 年第一季度		同比变动	
	笔数占比	金额占比	笔数占比	金额占比	笔数占比	金额占比
上海	1.0	1.5	1.0	1.6	0.0	0.1
江苏	31.3	25.7	28.5	25.4	-2.8	-0.3
浙江	20.0	37.4	18.7	36.2	-1.3	-1.2
安徽	17.0	10.0	23.5	17.3	6.5	7.3
其他地区	30.7	25.4	28.3	19.5	-2.4	-5.9

表5　2011 年第一季度银行本票业务对比表

单位：%、个百分点

地区	2010 年第一季度		2011 年第一季度		同比变动	
	笔数占比	金额占比	笔数占比	金额占比	笔数占比	金额占比
上海	15.8	12.3	13.1	8.6	-2.7	-3.7
江苏	36.6	33.0	36.1	34.1	-0.5	1.1
浙江	45.6	52.1	48.6	54.6	3.0	2.5
其他地区	2.0	2.6	2.2	2.7	0.2	0.1

（二）银行卡

1. 银行卡发卡

银行卡发卡机构继续增加。截至2011年第一季度末，加入银联网络的成员机构292家，较第四季度末增加5家。其中，境内成员机构235家，境外成员机构57家。

银行卡发卡量稳定增长，借记卡发卡同比增速加快，信用卡发卡同比增速放缓。截至第一季度末，全国累计发行银行卡255 292.34万张（如图19），同比增长17.7%，增速较上年同期上升2.8个百分点；较2010年第四季度末新增13 761.42万张，增长5.7%。其中，借记卡累计发卡量为231 067.74万张，较2010年第四季度末增长5.7%，同比增长

16.9%，增速较上年同期上升 3.2 个百分点。信用卡累计发卡量为 24 224.6万张，较 2010 年第四季度末增长 5.5%，同比增长 25.7%，增速较上年同期下降 2.4 个百分点（如图 20）。

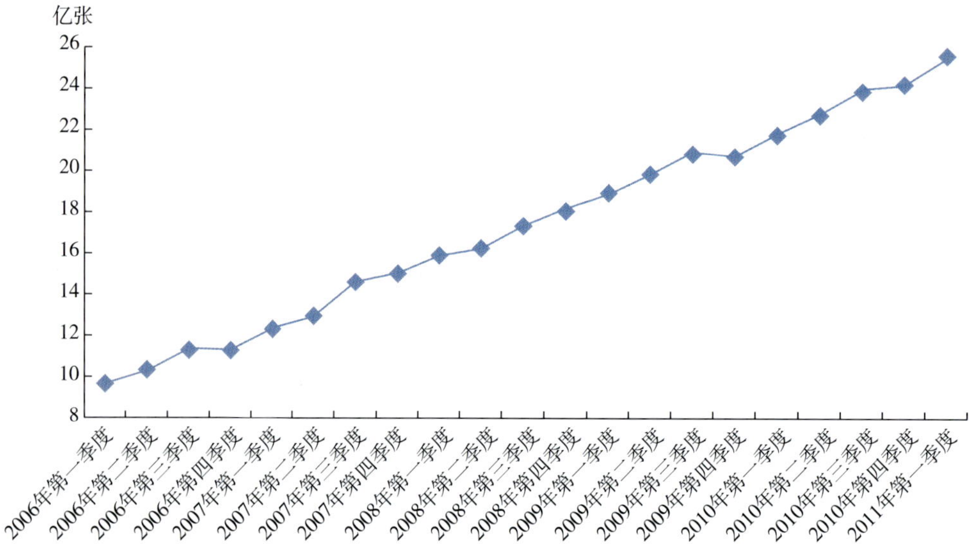

图 19　2006 年第一季度以来银行卡季末存量变动趋势图

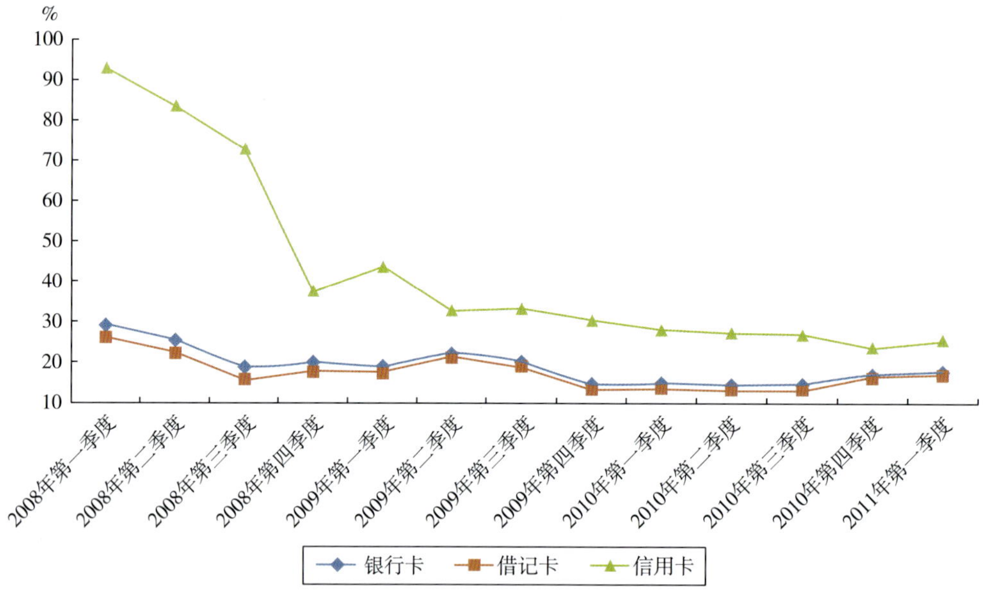

图 20　2008 年第一季度以来银行卡、借记卡、信用卡同比增幅变动示意图

借记卡累计发卡量仍占绝对优势，信用卡累计发卡量占比略有下降。2011 年第一季度末，借记卡占银行卡累计发卡量的 90.5%，占比同

比回落 0.6 个百分点。借记卡累计发卡量与信用卡累计发卡量之间的比例约为 9.54:1，略高于 2010 年第四季度末比例（如图 21）。

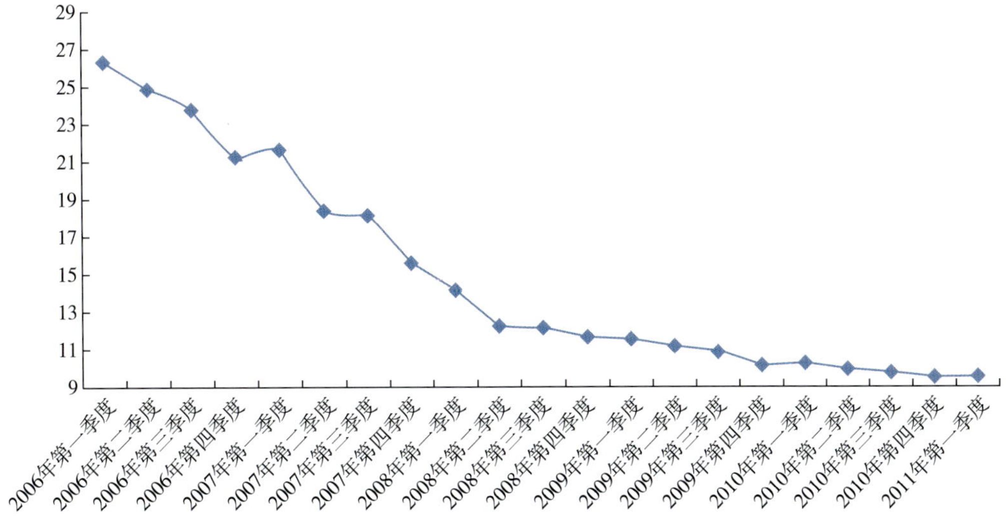

图 21　2006 年第一季度以来借记卡与信用卡发卡季末存量比例变动示意图

农村信用社和中国邮政储蓄银行等银行卡发卡市场份额继续增加，国有商业银行发卡市场份额仍呈下降趋势。截至第一季度末，国有商业银行累计发卡 133 575.35 万张，占银行卡累计发卡量的 52.3%，占比同比回落 1.9 个百分点；股份制商业银行累计发卡 39 849.09 万张，占银行卡累计发卡量的 15.6%，占比同比回落 0.1 个百分点；城市商业银行累计发卡 13 315.65 万张，占银行卡累计发卡量的 5.2%，占比同比上升 0.3 个百分点；中国邮政储蓄银行累计发卡 43 436.91 万张，占银行卡累计发卡量的 17.0%，占比同比上升 0.4 个百分点；农村商业银行累计发卡 10 180.67 万张，占银行卡累计发卡量的 4.1%，占比同比上升 0.3 个百分点；农村信用社累计发卡 14 848.21 万张，占银行卡累计发卡量的 5.8%，占比同比上升 1.0 个百分点（如图 22、图 23）。

信用卡发卡市场集中度依然较高，国有商业银行信用卡发卡市场份额略有下降，股份制银行市场份额略有增长。截至 2011 年第一季度末，国有商业银行信用卡累计发卡 14 549.42 万张，同比增长 23.8%，占全国信用卡累计发卡总量的 60.1%，占比同比下降 0.9 个百分点；股份制

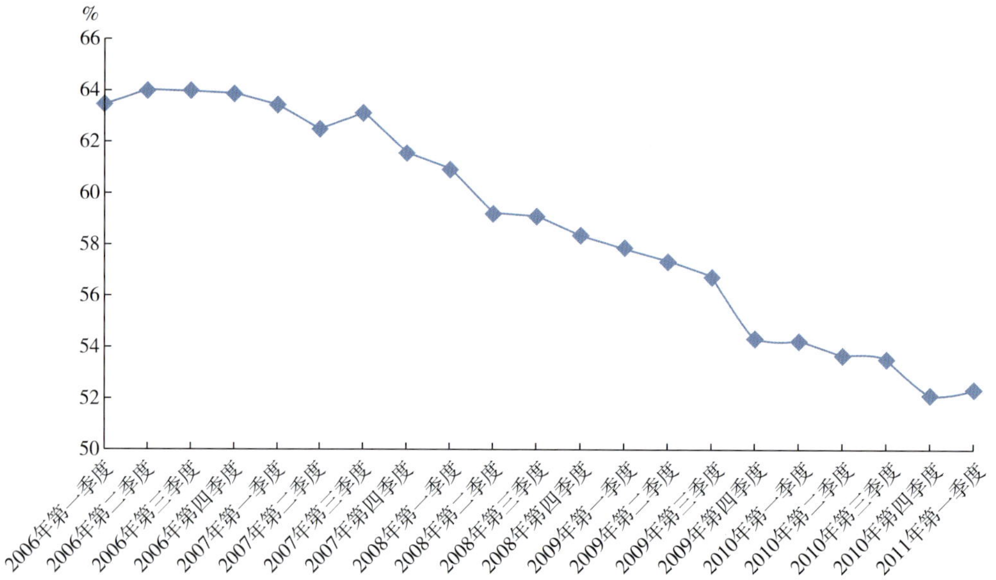

图22　2006年第一季度以来国有商业银行累计发卡量占比变动示意图

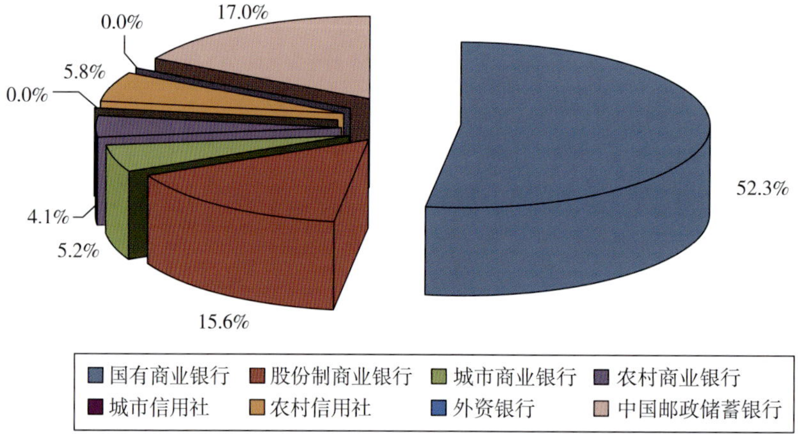

图23　2011年第一季度末行别间累计发卡量占比示意图

商业银行信用卡累计发卡8 527.84万张，同比增长27.2%，占全国信用卡累计发卡总量的35.2%，占比同比上升0.4个百分点。第一季度，期末信用卡存量居前5位的银行的信用卡合计数量占全国信用卡累计发卡总量的67.1%，虽然较2010年第四季度回落0.3个百分点，但信用卡发卡市场集中度依然较高（如图24）。

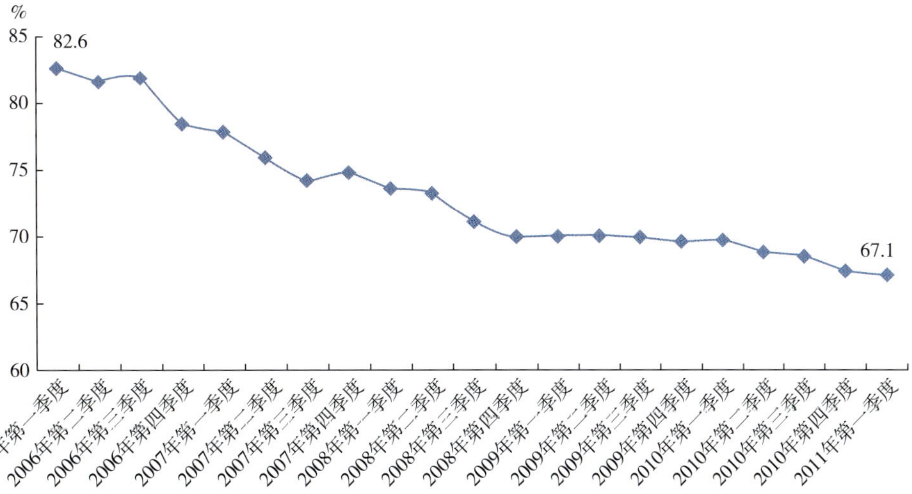

图 24　2006 年第一季度以来信用卡发卡市场集中度示意图

经济较发达地区银行卡人均持有量[1]较高，仍有两省（自治区）人均持有量低于 1 张。截至第一季度末，全国人均[2]银行卡拥有量为 1.91 张。其中，北京、天津、上海、广东、浙江、江苏和福建人均持卡量居前七位，分别为 6.21 张、5.68 张、4.55 张、3.28 张、2.98 张、2.70 张和 2.50 张，远高于全国平均水平；安徽、云南、青海人均拥有量首次超过 1 张，贵州、西藏人均持卡量都在 1 张以下（如图 25）。

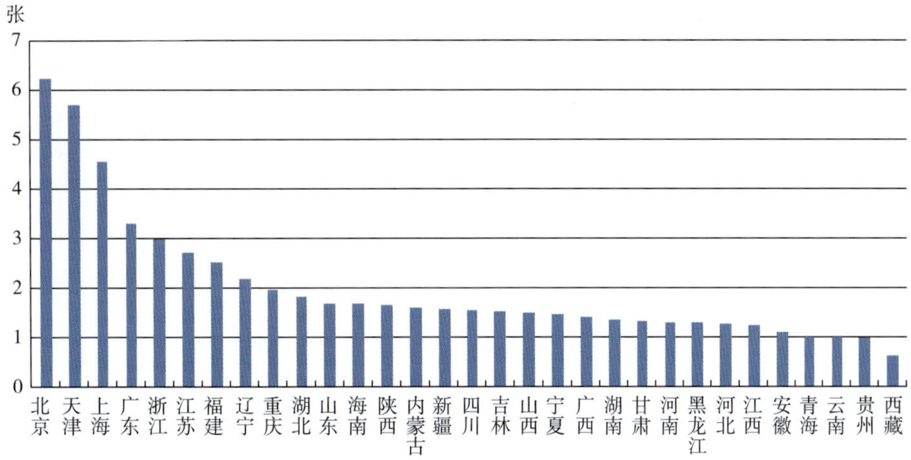

图 25　2011 年第一季度全国各省（市、自治区）银行卡人均持卡量对比图

---

① 各省（市、自治区）人口数据来源于国家统计局《2010 年第六次全国人口普查主要数据公报（第 2 号）》，下同。

② 全国数据来源于国家统计局《2010 年第六次全国人口普查主要数据公报（第 1 号）》，下同。

我国信用卡人均拥有量的地区差异较大。截至第一季度末，全国人均信用卡持有量为0.18张。从各省（市、自治区）具体情况来看，北京、上海两地信用卡人均拥有量较大，分别为1.08张、0.89张，远高于全国平均水平（见表6），而贵州、西藏等省（市、自治区）信用卡人均拥有量仍小于0.05张。

表6　2011年第一季度末我国部分地区人均信用卡拥有量统计表

单位：万张、张/人

地区	信用卡累计发卡量	信用卡人均拥有量
北京	2 125.08	1.08
上海	2 045.70	0.89
天津	632.45	0.49
浙江	1 906.95	0.35
广东	3 538.45	0.34
福建	1 033.39	0.28

2. 银行卡受理

截至2011年第一季度末，银行卡跨行支付系统联网商户237.20万户，联网POS机具356.80万台，ATM 28.68万台，较2010年第四季度末分别增加18.90万户、23.40万台和1.58万台（如图26）。

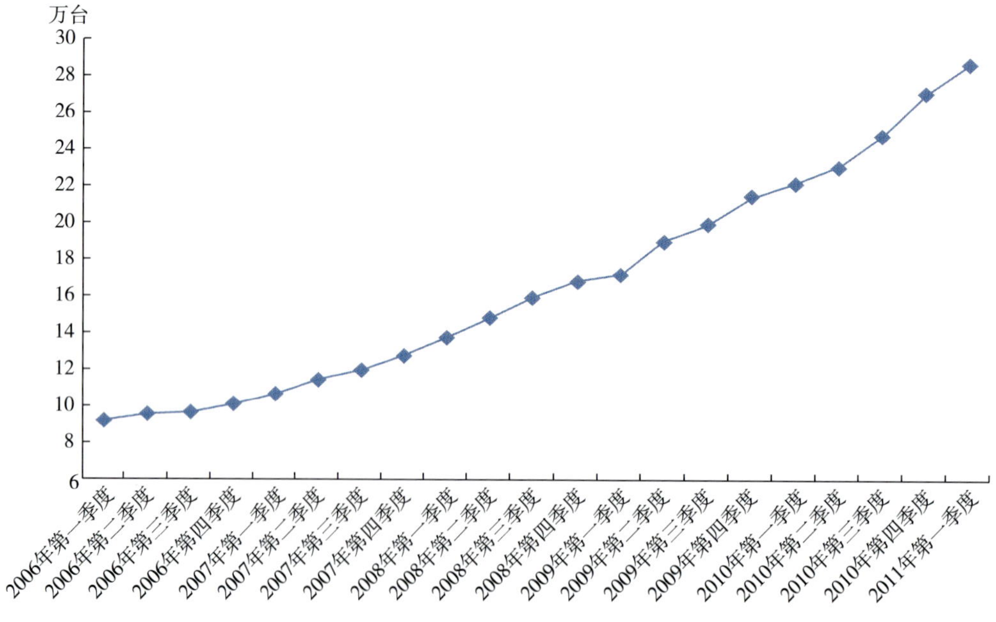

图26　2006年第一季度以来全国ATM终端布放情况示意图

每台POS对应的银行卡数量比"十一五"初期减少半数以上，银行卡受理环境不断改善。2011年第一季度末，我国每台ATM对应的银行卡数量为8 901张，同比减少9.1%；每台POS对应的银行卡数量为716张，同比减少14.6%，比2006年第一季度的1 496张减少半数以上（如图27）。近年来，我国的银行卡受理市场建设成效显著，每台ATM和POS对应的银行卡数量不断减少，但与发达国家①相比依然存在不小差距（见表7）。

表7　部分国家银行卡受理市场统计表

单位：万台、张

	加拿大	法国	德国	意大利	新加坡	中国
ATM	6.0	5.3	8.0	5.5	0.2	28.68
POS	63.1	137.7	59.3	133.4	8.4	356.8
银行卡数量/ATM	1 564	1 928	1 723	1 517	15 701	8 901
银行卡数量/POS	149	75	231	62	374	716

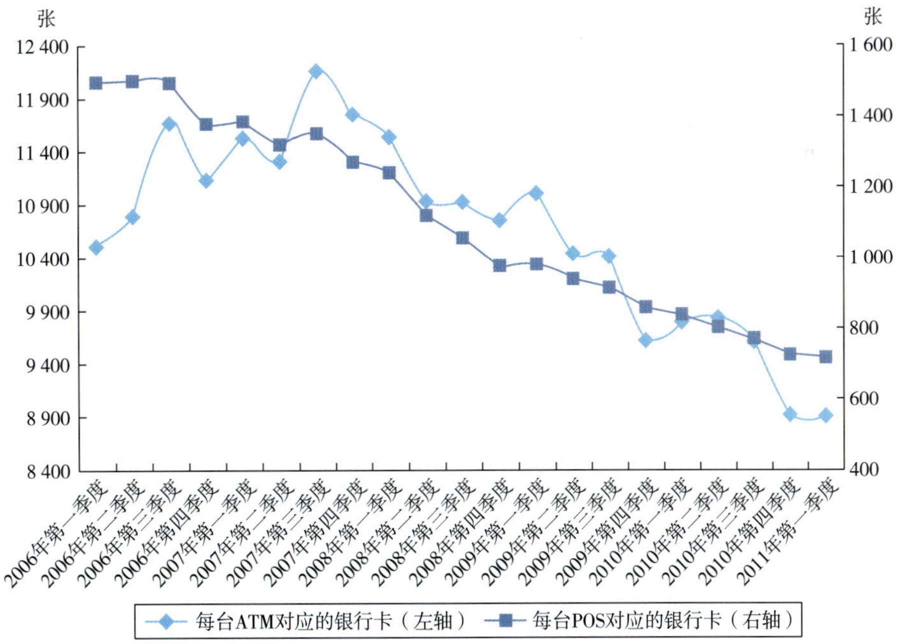

图27　2006年第一季度以来我国每台POS、ATM对应的银行卡数量示意图

① 数据来自BIS报告 *Statistics on Payment and Settlement Systems in Selected Countries* 2008，均为2008年数据，下同。

银行卡受理环境逐步改善，各省（市、自治区）每万人对应 ATM 数量均有不同程度增长。截至第一季度末，全国每万人对应的 ATM 数量为 2.18 台，较 2010 年第四季度末增长 5.8%。其中，北京、上海、广东、浙江和天津列前五名，每万人对应 ATM 数量分别为 7.40 台、6.32 台、4.09 台、4.07 台和 3.79 台（如图 28）。

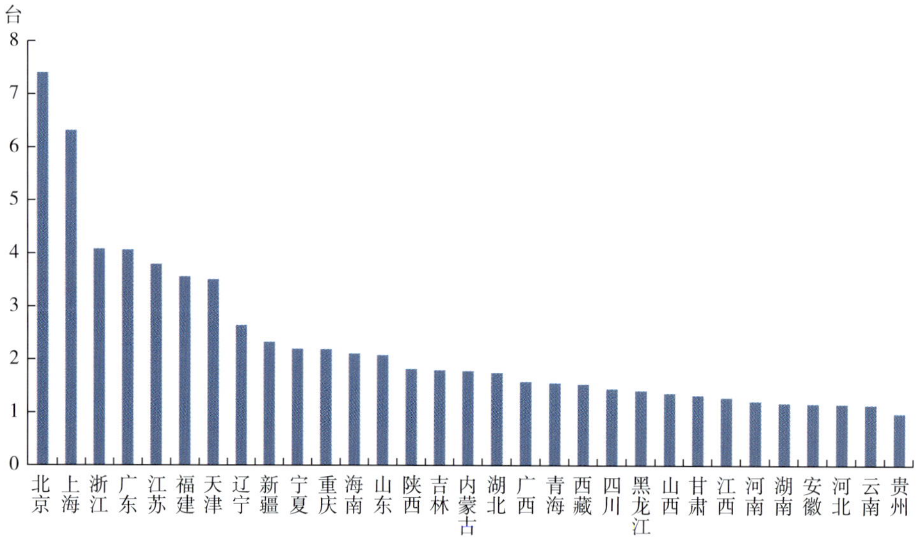

图 28　2011 年第一季度我国各省（市、自治区）每万人对应 ATM 数量对比图

3. 银行卡业务

银行卡业务量继续保持增长态势，增速略有下降。第一季度，银行卡业务 695 230.04 万笔，同比增长 25.6%，增速较上年同期下降 3.7 个百分点；金额 752 788.17 亿元，同比增长 42.1%，增速较上年同期下降 13.6 个百分点。第一季度日均发生业务 7 724.78 万笔，金额 8 363.31 亿元①，笔数较 2010 年第四季度下降 1.0%，金额较 2010 年第四季度增长 6.0%（如图 29）。

银行卡各类业务持续快速增长。第一季度，银行卡存现业务 126 259.43万笔，金额 134 012.54 亿元，同比分别增长 20.1% 和 31.1%；银行卡取现业务 309 561.98 万笔，金额 149 759.56 亿元，同比分别增长 24.6% 和 32.5%；银行卡转账业务 123 049.45 万笔，金额

① 2011 年第一季度 90 个自然日，此处按自然日计算。

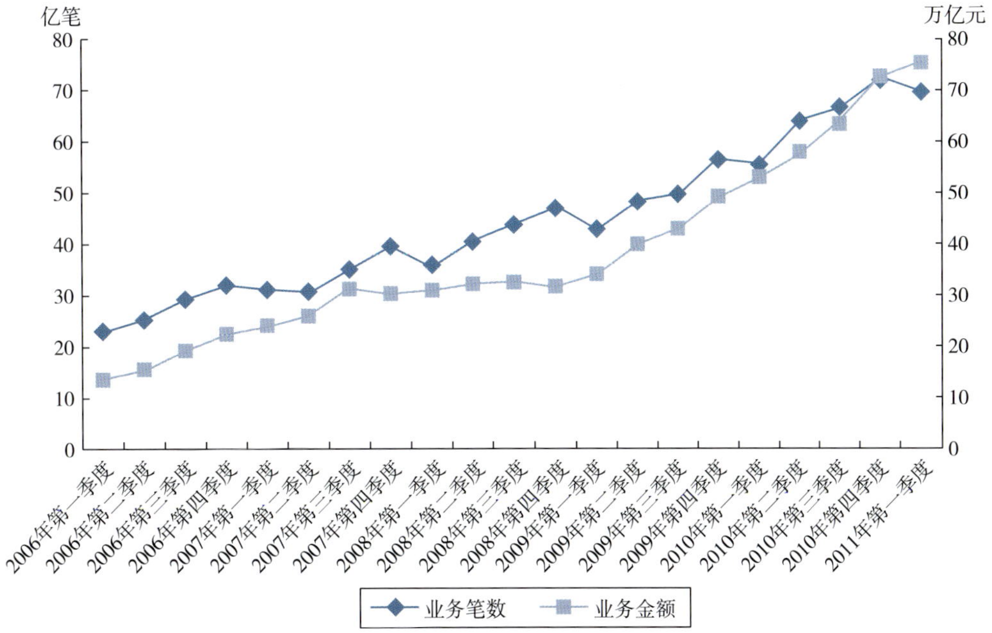

图 29　2006 年第一季度以来银行卡业务量变动示意图

436 543.63亿元，同比分别增长 29.7% 和 48.9%（如图 30）。银行卡方便、快捷，随着社会公众认可程度和使用意识的不断提高，业务量将持续快速增长。

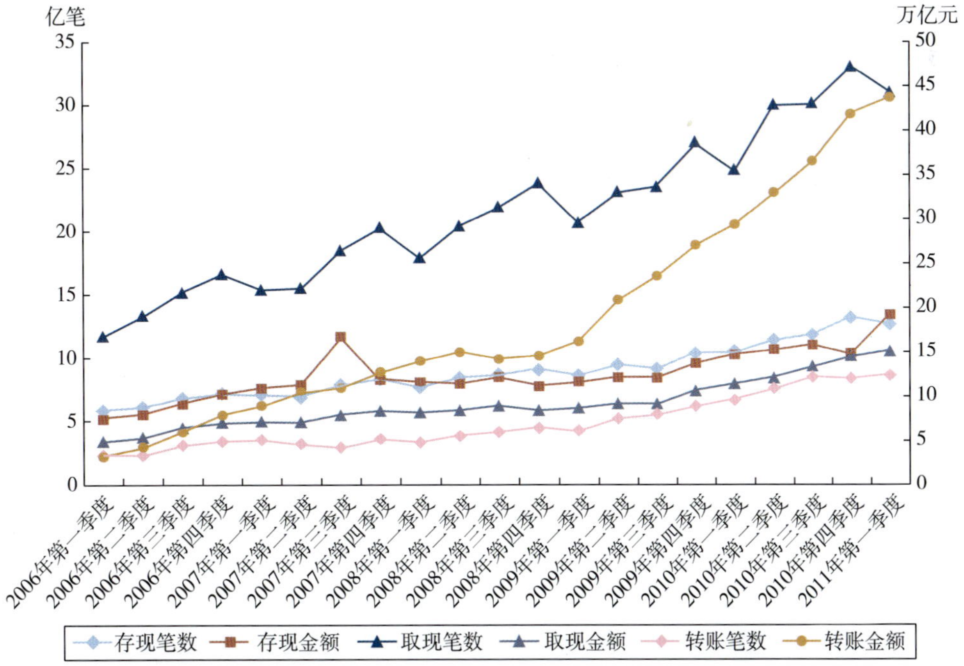

图 30　2006 年第一季度以来银行存取现、转账笔数和金额变动示意图

银行卡存、取现业务占比持续下降，消费、转账业务占比上升。第一季度，银行卡存、取现业务笔数、金额占银行卡业务总量的 62.7% 和 37.7%，占比同比分别回落 1.2 个百分点和 2.9 个百分点。银行卡消费业务 136 359.20 万笔，金额 32 472.44 亿元，笔数、金额分别占银行卡业务量的 19.6% 和 4.3%，占比同比分别增长 0.6 个百分点和 0.3 个百分点。银行卡转账业务 123 049.45 万笔，金额 436 543.63 亿元，笔数、金额分别占银行卡业务量的 17.7% 和 58.0%，占比同比分别上升 0.6 个百分点和 2.6 个百分点（如图 31、图 32），占比环比分别上升 1.0 个百分点和 0.5 个百分点。银行卡应用范围不断延伸，网络支付功能日益完善，使银行卡消费、转账功能得到进一步拓展，占比仍将持续上升。

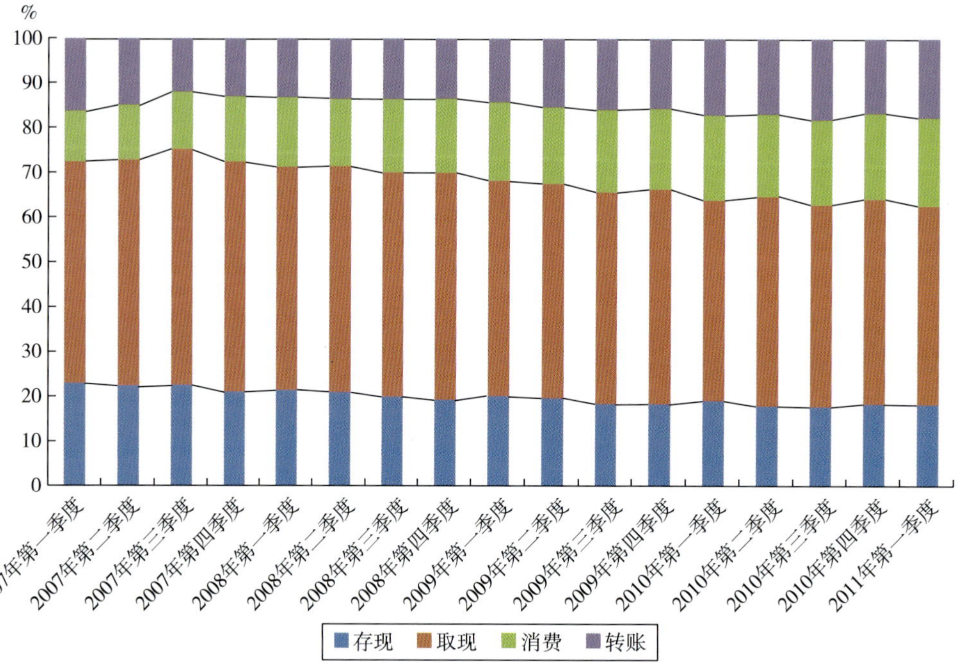

图 31　2007 年第一季度以来银行卡业务笔数占比变动示意图

银行卡消费业务大幅增长，银行卡渗透率持续提高，有力推动社会消费品零售市场发展。2011 年第一季度，社会消费品零售市场日趋活跃，银行卡消费交易金额持续高速增长。第一季度，全国社会消费品零售总额 42 922 亿元，同比增长 16.3%；银行卡消费业务 136 359.18 万

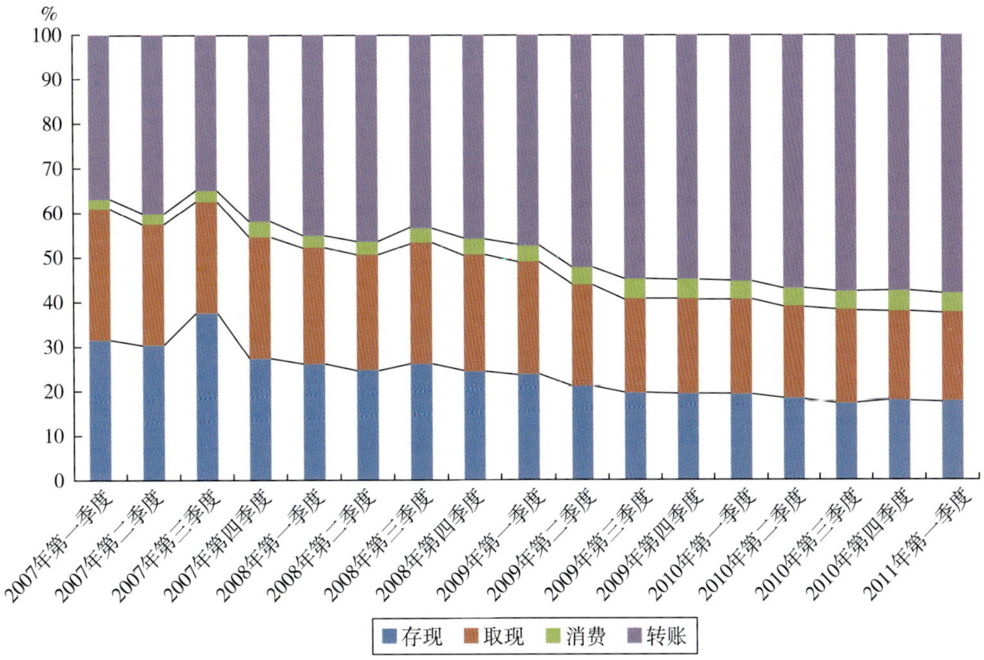

图 32　2007 年第一季度以来银行卡业务金额占比变动示意图

笔，金额 32 472.44 亿元，同比分别增长 29.9% 和 51.3%（如图 33）。以 2010 年年末全国总人口 13.40 亿人[①]计算，第一季度全国人均银行卡消费 1.02 笔、2 424 元。银行卡渗透率达到 36.0%，比上年同期提高

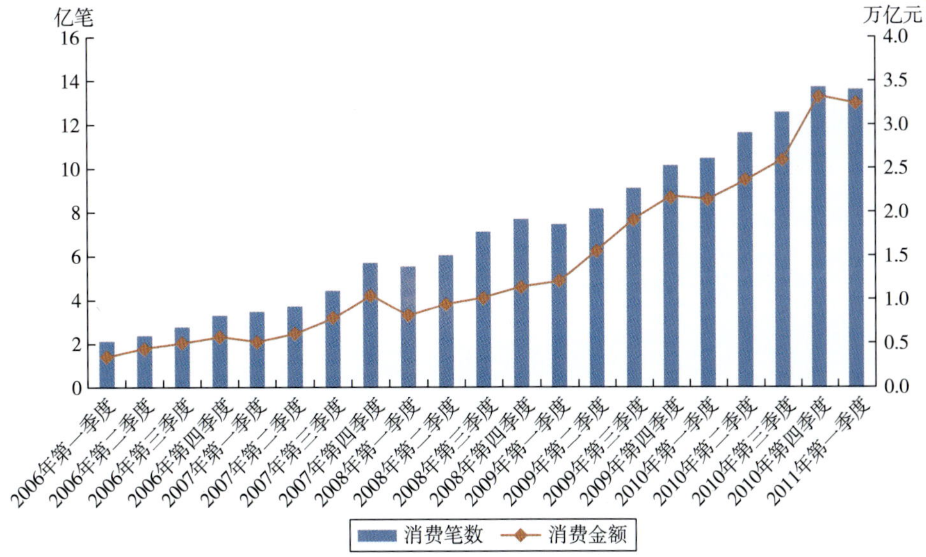

图 33　2006 年第一季度以来银行卡业务消费笔数、金额变动示意图

① 数据来自于国家统计局《2010 年第六次全国人口普查主要数据公报（第 1 号）》。

4.0 个百分点。银行卡刷卡消费在提升即期消费意愿、促进消费增长、拉动国民经济中发挥着越来越重要的作用。

银行卡卡均、笔均消费金额环比均略有下降。第一季度，全国银行卡卡均消费金额和笔均消费金额分别为 1 272 元和 2 381 元，同比分别增长 28.6% 和 16.4%。卡均消费金额和笔均消费金额继续保持较大同比增长幅度的态势，但较 2010 年第四季度均出现回落（如图 34）。

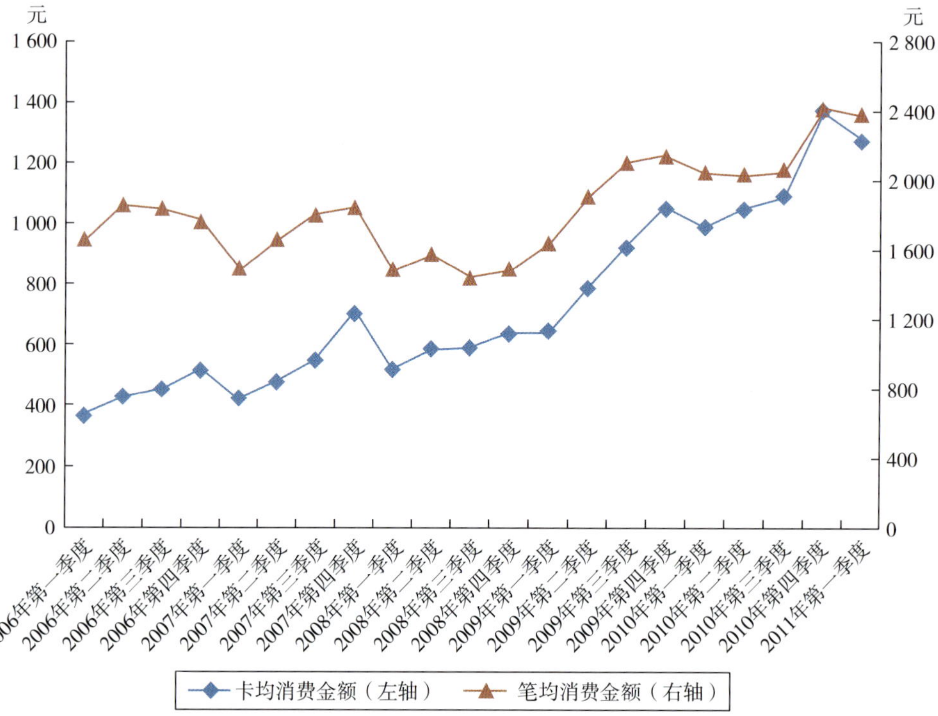

图 34　2006 年第一季度以来全国卡均消费金额、笔均消费金额变动示意图

全国人均银行卡消费金额同比快速增长，部分经济较发达地区人均银行卡消费金额较高。2011 年第一季度，人均银行卡消费业务2 424元，同比增长 50.7%。其中，只有北京、浙江、上海、天津、广东、福建、江苏、河南等 8 个省（市）人均银行卡消费业务高于全国平均水平，分别达到 8 905 元、8 598 元、8 281 元、4 201 元、3 599 元、3 310 元、3 298元和 2 767 元（如图 35）。

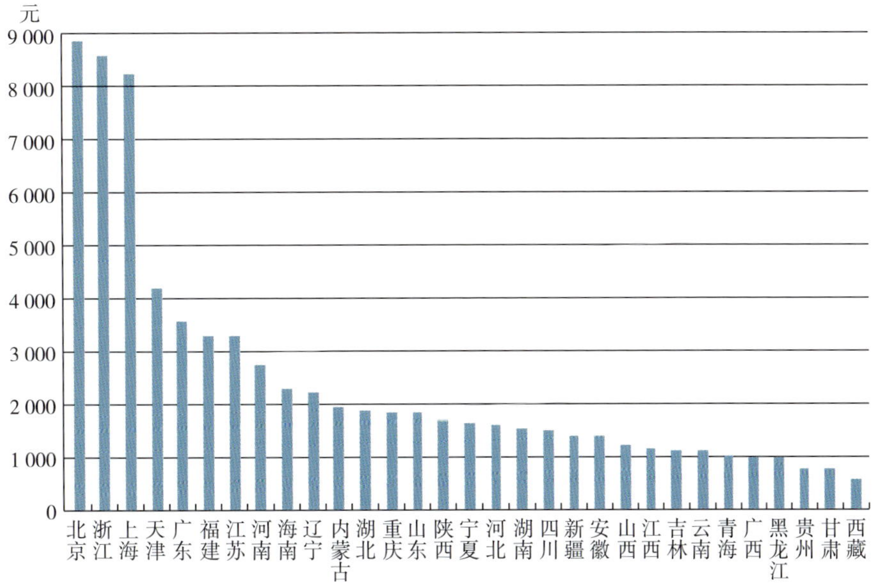

图 35　2011 年第一季度我国各省（市、自治区）人均银行卡消费数量对比图

银行卡跨行消费业务量增长迅速。第一季度，银行卡跨行消费业务 103 309.40 万笔，金额 26 977.92 亿元，同比分别增长 23.8% 和 42.1%，分别占银行卡消费业务量的 75.8% 和 83.1%（如图 36）。

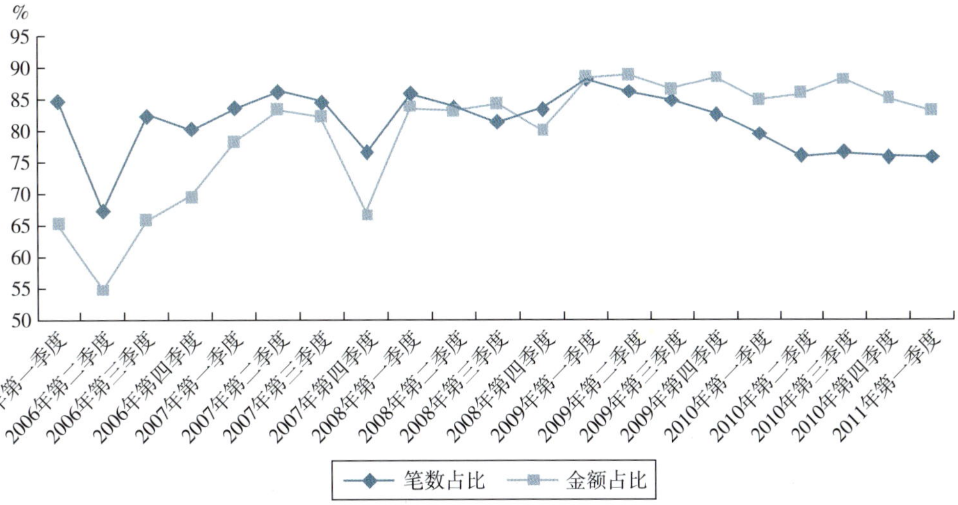

图 36　2006 年第一季度以来银行卡跨行消费交易占银行卡消费交易示意图

中部地区银行卡业务占比上升，地区间银行卡受理环境不平衡格局逐渐改善。近年来，中部地区银行卡受理环境建设工作加速进行，促进了银行卡基础设施的增加和完善，银行卡受理能力不断加强，地区间受

理环境不平衡格局逐步改善（见表8）。

表8 各地区银行卡指标占全国相应指标的比重情况统计表

单位：%、个百分点

	2011年第一季度				较2010年第四季度变化			
	东部地区	中部地区	西部地区	东北地区	东部地区	中部地区	西部地区	东北地区
ATM	56.3	16.2	19.9	7.6	0.2	0.2	-0.3	-0.1
POS	59.2	14.0	22.1	4.7	-0.6	0.4	0.2	-0.1
银行卡数量	53.8	19.0	19.9	7.3	-0.2	0.3	0	0
业务笔数	56.9	16.6	19.4	7.1	0.2	0.1	-0.1	-0.1
业务金额	60.3	17.3	16.0	6.4	-0.3	1	-0.1	-0.5
消费笔数	66.7	13.4	13.8	6.1	-0.1	0	0.1	0.1
消费金额	60.3	19.9	14.7	5.1	0.3	0.9	-0.7	-0.5

农民工银行卡特色服务业务量继续快速增长。截至2011年第一季度末，贵州、湖南等25个省（市、自治区）辖内6万个县及县以下的农村合作金融机构营业网点、全国31个省（市、自治区）辖内2.2万个县及县以下的中国邮政储蓄银行营业网点开通了农民工银行卡特色服务受理方业务。第一季度，农民工银行卡特色服务取款业务471.51万笔，金额65.79亿元，分别较上年同期增长35.7%和26.4%。其中，中国邮政储蓄银行共办理农民工银行卡特色服务取款业务12.53万笔，业务金额1.41亿元，已占农民工银行卡特色服务取款业务的2.7%和2.1%。

信用卡授信总额和信用卡期末应偿信贷总额（信用卡透支余额）均持续增长。截至第一季度末，信用卡授信总额20 924.38亿元，同比增长41.4%，较2010年第四季度增加914.82亿元，增长4.6%；期末应偿信贷总额4 737.81亿元，同比增长90.6%，较2010年第四季度增加246.21亿元，增长5.5%。

信用卡逾期半年未偿信贷总额小幅增加，占期末应偿信贷总额比例

较为稳定。截至第一季度末，信用卡逾期半年未偿信贷总额 82.07 亿元，较 2010 年第四季度增加 5.18 亿元，增长 6.7%；信用卡逾期半年未偿信贷总额占期末应偿信贷总额的 1.7%，占比与 2010 年第四季度持平（如图 37）。第一季度，国有商业银行信用卡逾期半年未偿信贷总额占期末应偿信贷总额的 1.1%，占比与 2010 年第四季度持平；股份制商业银行信用卡逾期半年未偿信贷总额占期末应偿信贷总额的 2.7%，较 2010 年第四季度上升 0.1 个百分点。

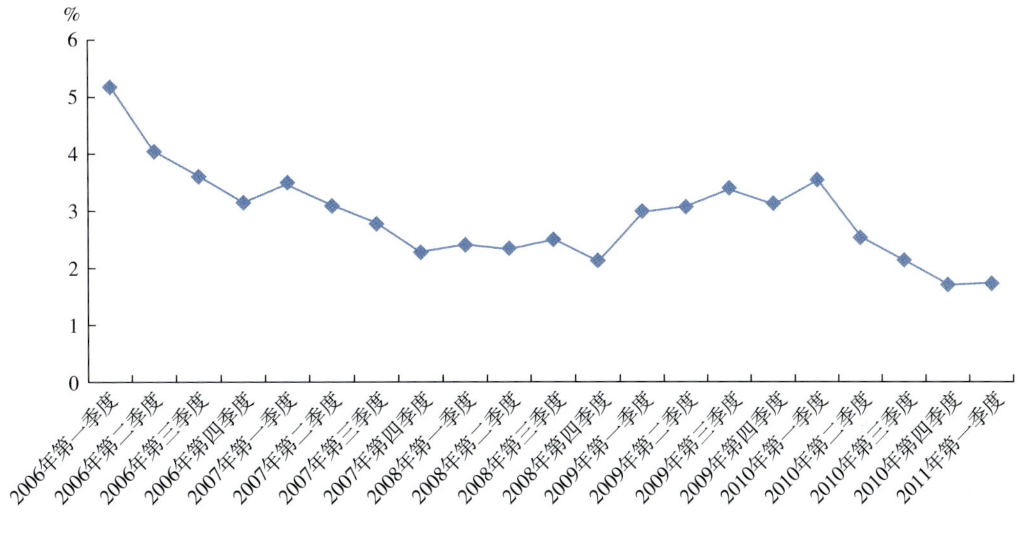

图 37　2006 年第一季度以来信用卡逾期半年未偿信贷总额占期末应偿信贷总额比例趋势图

（三）结算方式

汇兑、委托收款等结算方式业务快速增长，增速减缓。第一季度，汇兑、委托收款等结算方式业务 26 957.00 万笔，金额 1 050 319.95 亿元，同比分别增长 20.0% 和 27.7%，同比增速分别下降 0.5 个百分点和 10.2 个百分点。其中，汇兑业务 26 215.38 万笔，金额 1 016 052.84 亿元，同比分别增长 20.2% 和 27.1%，同比增速分别下降 1.7 个百分点和 11.6 个百分点（如图 38）。

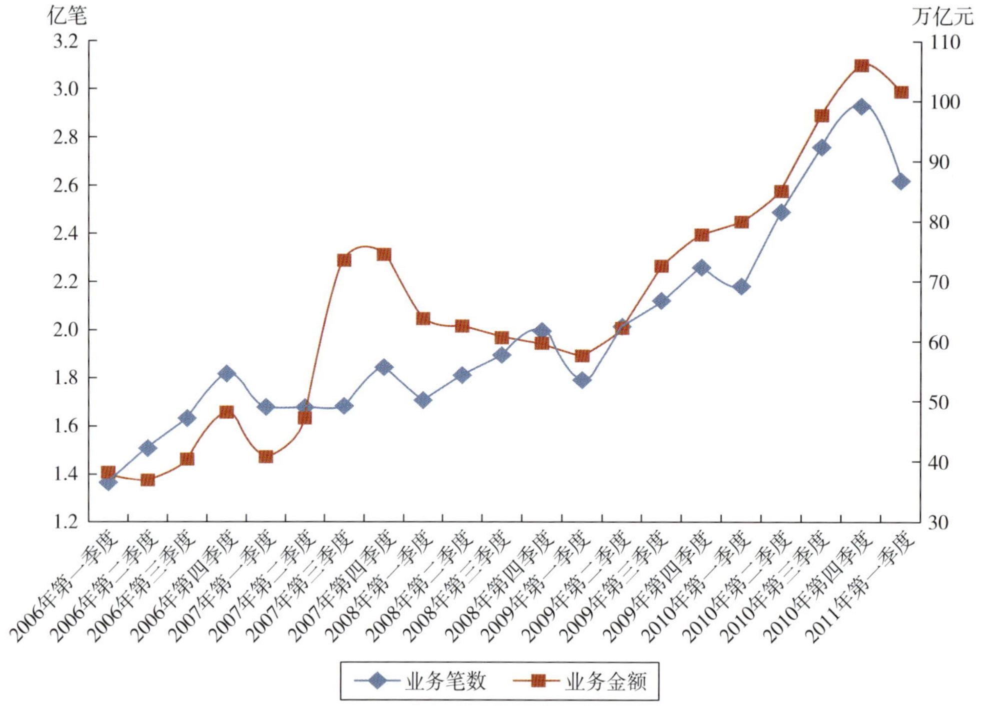

图 38　2006 年第一季度以来汇兑业务交易量季度变动趋势图

二、支付系统

第一季度，支付系统安全、高效地提供各类支付清算服务，处理的业务笔数再创历史新高。第一季度，支付系统①共处理支付业务 354 469.77 万笔，金额 4 613 145.96 亿元，同比分别增长 43.2% 和 30.0%，笔数增速较上年同期加快 14.5 个百分点，金额增速较上年同期下降 13.2 个百分点；笔数环比增长 0.6%，较 2010 年第四季度增速下降 6.7 个百分点，金额环比减少 2.5%，较 2010 年第四季度增速下降 7.3

① 支付系统包含大额实时支付系统、银行业金融机构行内支付系统、银行卡跨行支付系统、小额批量支付系统、同城票据清算系统及境内外币支付系统等 6 个系统。

个百分点（如图 39、见表 9）。

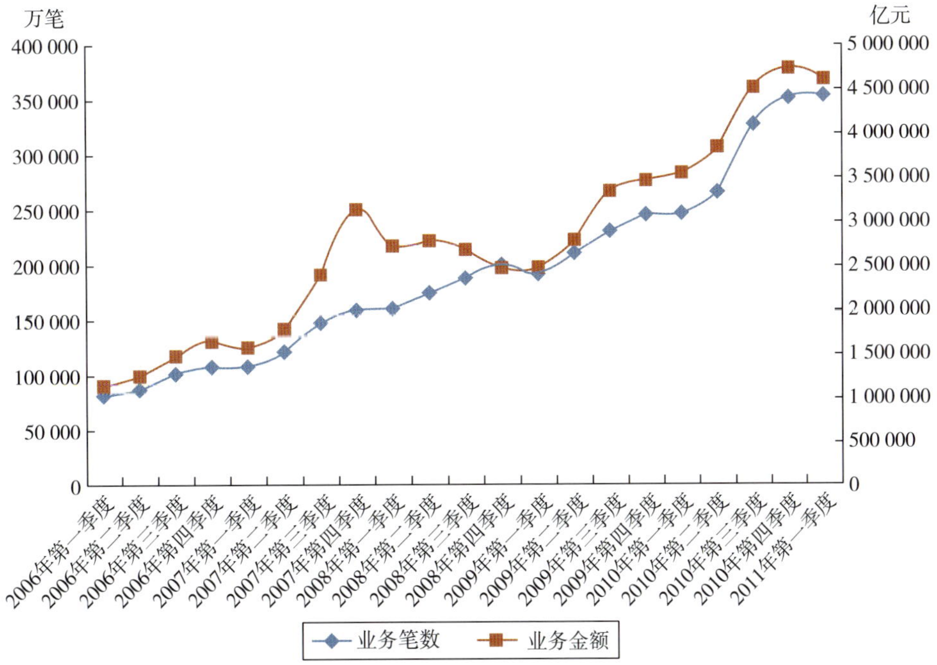

图 39　2006 年第一季度以来支付系统业务量变动趋势图

表 9　2011 年第一季度支付系统业务量统计表

单位：万笔、亿元、%

系统名称	笔数	金额	笔数占比	金额占比
大额实时支付系统	7 677.43	3 064 370.86	2.2	66.4
小额批量支付系统	11 277.49	47 872.05	3.2	1.1
同城票据清算系统	10 008.09	175 477.46	2.8	3.8
境内外币支付系统	15.87	3 246.38	0.0	0.0
银行业金融机构行内支付系统	172 870.88	1 289 149.23	48.8	28.0
银行卡跨行支付系统	152 620.01	33 029.98	43.0	0.7
合计	354 469.77	4 613 145.96	100	100

省（市、自治区）辖内资金流动量占比较 2010 年第四季度小幅上升。从支付系统资金往来情况[①]看，第一季度，全国共 19 个省（市、自治区）的辖内资金流动量占本省（市、自治区）资金流动总量的比例超过 50%。辖内资金流动量占比最高的 5 个省（市、自治区）分别是浙江、贵州、云南、山东和内蒙古。这些地区的资金流动六成以上在辖内

① 包含大额实时支付系统、小额批量支付系统、银行业金融机构行内支付系统 3 个系统处理的资金交易。

完成。辖内资金流动量占比最低的5个省（市、自治区）分别是海南、重庆、河南、福建和天津，占比分别为46.2%、43.7%、42.5%、40.2%和39.2%（如图40）。

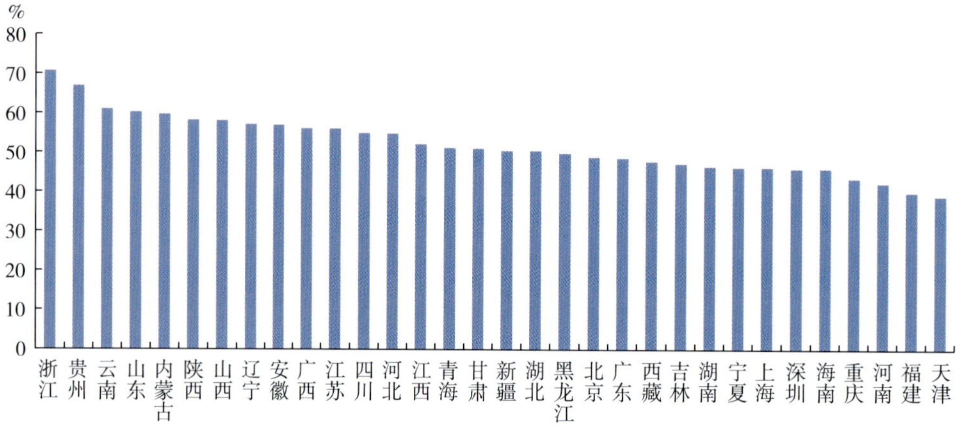

图40 2011年第一季度各地区辖内资金业务量占比图

北京、上海和广东[①]三地依然是我国重要的资金集散地，三地资金流动总量占比与2010年第四季度持平。第一季度，处理资金总量最大的三个地区依次是北京、上海和广东（含深圳），三个地区的资金流动总量分别占全国资金流动总量的29.6%、13.0%和12.1%，三地资金流动总量占全国总量的54.7%（如图41），与2010年第四季度持平。从资金量的占比变动情况看，三个地区与2010年第四季度也基本保持一致。

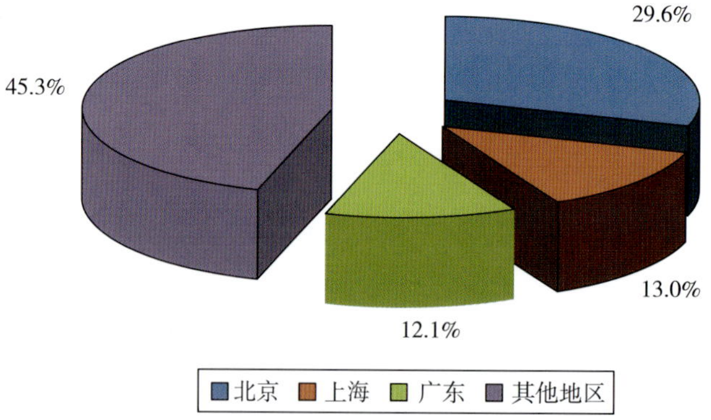

图41 全国资金流动总量地区间占比示意图

① 含深圳市。

北京和深圳由2010年第四季度的资金净流出地变为资金净流入地，资金净流入量居于全国前两位。上海和广东由2010年第四季度的资金净流入地变为资金净流出地，资金净流出量分别居于全国第一位和第五位。从2011年第一季度的地区间资金[①]流动来看，居全国资金净流入量前五位的地区依次为北京、深圳、江西、湖南和河南，资金净流入量分别为6 576.71亿元、3 097.61亿元、1 289.10亿元、1 177.75亿元和239.68亿元；居全国资金净流出量前五位的地区依次是上海、河北、浙江、福建和广东，资金净流出量分别为2 241.01亿元、1 585.79亿元、1 481.56亿元、1 028.53亿元和753.37亿元（如图42）。第一季度北京和深圳资金净流入量较2010年第四季度分别增加12 516.47亿元和40 658.15亿元，两地均由2010年第四季度的资金净流出地变为资金净流入地，资金净流入量居于全国前两位。第一季度上海和广东资金净流出量较2010年第四季度分别减少12 071.01亿元和5 970.89亿元，两地均由2010年第四季度的资金净流入地变为资金净流出地，资金净流出量分别位于全国第一位和第五位。

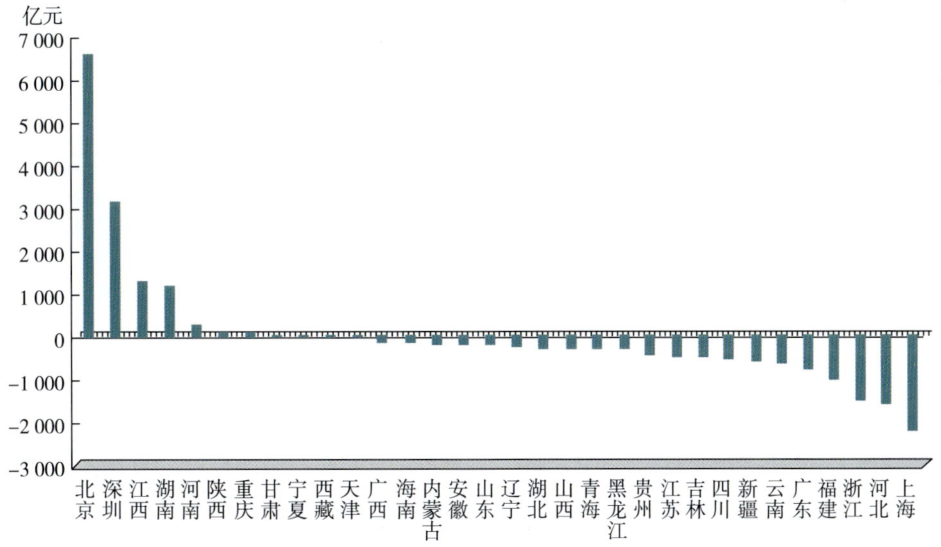

图42 2011年第一季度地区间资金流入流出图

① 包含大额实时支付系统、小额批量支付系统、银行业金融机构行内支付系统转移资金。

专栏2 《清算行业市场结构的发展：对金融稳定的影响》[①] 概要

过去十年间，中央清算行业经历了中央对手的整合、竞争的加剧和中央对手之间的新型关系等一系列变革，正是金融服务全球化加剧、监管新举措的不断出台和技术改良等因素导致了变革的发生。2007—2009年金融危机出现时，对中央对手信贷风险关注的增加促使中央清算服务得到更广泛的应用，这对它在广义金融基础设施建设中的作用以及其自身市场结构都产生了深刻的影响。为此，2009年6月，国际支付结算体系委员会组织成立交易后服务工作组（the Working Group on Post－trade Services），对清算行业的市场结构发展、驱动因素以及对金融稳定的影响进行了深入研究。2010年11月，小组研究成果《清算行业市场结构的发展：对金融稳定的影响》（以下简称《报告》）正式发布。《报告》同时评估了不同的清算市场结构是否会产生影响中央对手稳定性的新型风险，在此基础上向关注中央对手稳定性的各类监管当局阐述一些现实思考。

《报告》的写作目的是以清晰的分析框架描述清算行业的发展，了解行业的全面发展和导致不同市场结构的驱动因素，描述不同的市场结构在降低风险中的优势所在，评估不同市场结构是否会导致可能影响中央对手稳健性的新型风险，评估行业发展是否会引起新的系统风险，向关注中央对手稳定性的各类监管当局阐述一些现实思考。

《报告》由三个部分组成。第一部分应用简单的分析框架和工作组成员收集的信息，对国际支付结算体系委员会各成员国传统市场和场外衍生品市场清算行业进行了全面概览，主要关注自2000年至2010年间各成员国清算市场结构的发展。第二部分评估了清算行业发展在多大程度上可能导致新风险的产生，及其对监管和金融稳定的影响。分析了市场结构的变化是否改变了中央对手管理对手风险的积极性，是否创造了显示中央对手新型风险挑战的新的依存关系，以及这些变化如何影响中央对手提供的产品和服务。第二部分还进一步概述了作为清算行业监管者或在广义金融稳定的范畴内，各中央银行、管理者

---

① *Market Structure Developments in the Clearing Industry*：*Implications for Financial Stability*，原文载于国际清算银行网站（www. bis. org）。

和监管者可能考虑到的实际问题。第三部分研究市场结构或所有权变化可能在多大程度上影响中央清算服务的扩展，以及所有权对中央对手管理对手风险的动力的影响。

《报告》在深入分析的基础上得出了如下结论：

服务于传统市场和场外衍生品市场的中央对手是有区别的。某些行业的发展和驱动因素是相似的，但是交易后服务提供者，中央对手、市场参与者（银行等）和公共机构的相互关系都存在显著不同。

分析表明过去十年间不同类型的市场结构已经形成。它们可以以两种不同的方式进行分类：垂直和水平结构，整合和分散结构。清算行业的结构形式影响了中央对手设计其风险管理流程的方式以及风险在金融系统蔓延的可能性。没有迹象表明清算行业会固定采用某种特定的结构。特定市场结构可能会产生特定的风险，并增强系统和市场之间的相互依存，这需要市场参与者和监管当局认真考虑。但是市场结构同样也可以降低风险并减弱相互依存。此外，因为治理安排通常会鼓励进行审慎的风险管理，而中央对手也会受到严格的监督和管理，不同市场结构固有的潜在风险实际上可能没有完全表现出来。因此，预先判定特定市场结构对系统风险的最终影响是不可行的。

不管是以中央对手风险管理还是广义系统风险的形式，都没有证据表明某种市场结构优于另外一种。事实上，不同类型的结构都会存在多种风险。例如，有关基础设施规模的风险在水平和垂直结合的情况下都是相关的。同样，依存关系在垂直结合体（集合交易、清算和结算活动）和为多个市场服务的可能涉及多重管辖的水平结合体都可能出现。当中央对手开始依赖于合适的提供者（垂直专业化）或者当多重交互的中央对手服务于市场，新型依存关系就会形成。各中央银行、管理者和监管者可能会关注在某些市场结构中更可能发生的特定风险。这包括削弱中央对手风险控制稳健性的刺激，使得中央对手管理成员违约的能力下降。尽管《报告》关注的某些风险目前还没有出现，但是随着许多国家市场结构的持续发展，中央对手和他们的管理者/监管者面临的挑战是巨大的，因此监管当局需要继续进行严格持续的监督。

很多情况下，在过渡阶段，即当中央对手在调整其风险管理流程，市场参与者在熟悉新的规则和程序，当局在形成新的监管模式时，这些关键性的风险尤其可能出现。这对场外衍生行业尤其相关。在交易后服务行业迅速变化的时期管理层应该保持警惕。

清算行业的结构性格局与中央清算在不同的市场划分中被应用的程度有关，因而在总体上决定了金融系统的恢复能力。事实上，如果市场结构的变化影响到中央对手的接入，中央清算更广义的风险减弱优势可能被冲淡，会增加中央清算的成本或者阻碍创建新型中央对手服务的过程。这将在垂直或者水平整合使得中央对手拥有强大市场竞争力时发生。当竞争性中央对手想要通过定位还未完全成熟的新型中央对手服务来获取市场占有率，与之相关的风险可能出现，反过来破坏中央对手的稳健性。最后，市场结构的改变也可能会影响中央对手个体的规模和市场覆盖率，使“大而不倒”问题更突出。

市场结构的变化在很多情况下伴随着中央对手所有权结构的变化。但是，所有权和系统风险之间似乎没有明确的关联：没有证据可以断定使用者所有模式或者盈利所有权模式会在一定程度上破坏中央对手风险管理。也没有证据表明特定的所有权模式会支持或阻碍中央清算服务的引入。最后，没有证据表明所有权的特定形式会促成市场结构的特定形式。

（中国人民银行南京分行支付结算处供稿）

（一）大额实时支付系统

大额实时支付系统业务量保持较快增长，社会资金往来规模明显扩大，日均处理业务金额首次突破 5 万亿元。第一季度，大额实时支付系统处理业务 7 677.43 万笔，金额 3 064 370.86 亿元，同比分别增长 14.2% 和 30.7%，占支付系统业务笔数和金额的 2.2% 和 66.4%。业务金额是第一季度全国 GDP 总量的 31.82 倍，较 2010 年第四季度略有下降；日均处理业务 127.96 万笔，金额 51 072.85 亿元①，同比分别增长 14.2% 和 30.7%，较 2010 年第四季度日均处理业务笔数减少 3.68 万笔，金额增加 1 374.29 亿元（如图 43）。

① 2011 年第一季度大额实时支付系统实际运行 60 个工作日，此处按实际运行工作日计算。

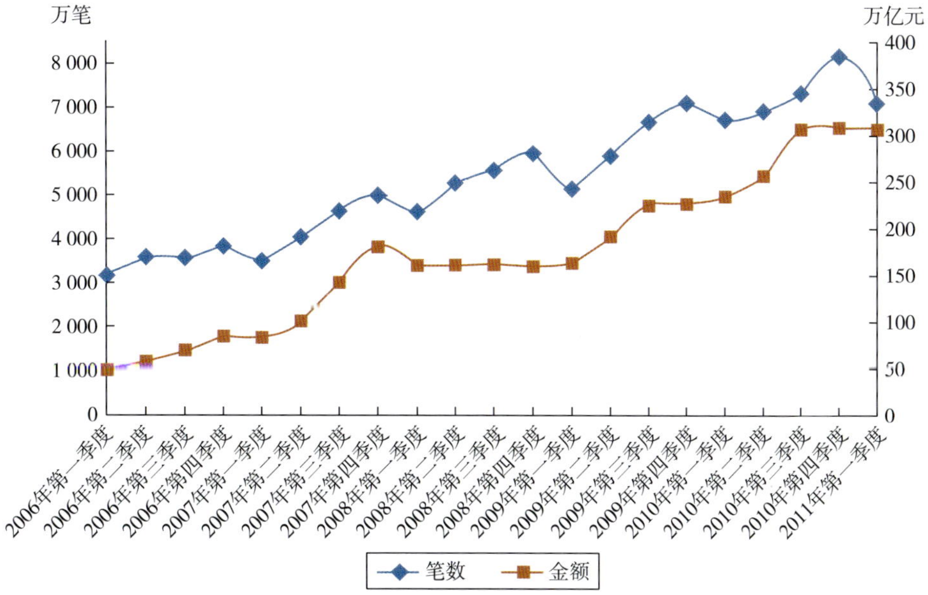

图 43　2006 年第一季度以来大额实时支付系统业务量季度变动趋势图

第一季度，大额实时支付系统完成债券交易结算业务①资金清算 5.05 万笔，金额 118 010.75 亿元，较 2010 年第四季度分别增长 5.2% 和减少 1.9%，日均 DVP 结算额 1 966.85 亿元；外汇交易 0.09 万笔，金额 14 116.42 亿元，较 2010 年第四季度分别减少 40.0% 和 14.6%；同业拆借资金 0.31 万笔，金额 14 882.38 亿元，较 2010 年第四季度分别减少 8.8% 和 24.1%。

从大额实时支付系统月度笔数的发展趋势看，第一季度大额实时支付系统共发生支付业务 7 677.43 万笔，同比增长 14.2%，较 2010 年第四季增速回落 0.7 个百分点；日均处理支付业务 127.96 万笔，同比增加 15.95 万笔，增长 14.2%。从各月数据来看，第一季度一月和三月大额实时支付系统处理业务总笔数及日均笔数均超过上年同期规模，二月处理业务总笔数和日均笔数低于上年同期水平（如图 44）。

部分经济较发达地区大额实时支付系统业务金额占比持续下降。从

① 债券交易结算业务、外汇交易、同业拆借业务数据根据支付信息管理系统（PIMS）统计。

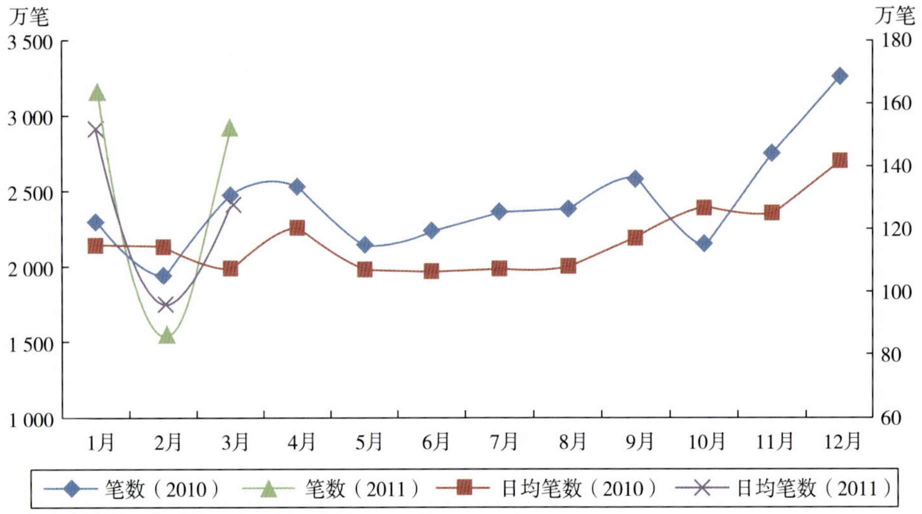

图 44　大额实时支付系统业务笔数及日均业务笔数月度走势图

地区间资金分布情况看，业务笔数居前五位的分别是广东、浙江、江苏、上海和山东，五省（市）业务笔数合计 3 324. 17 万笔，占全国大额实时支付系统业务量的 43. 3%，占比与上年同期保持一致；业务金额位于前五位的分别是北京、上海、深圳、江苏和广东，五省（市）业务金额合计 1 911 992. 35 亿元，占全国大额实时支付系统业务量的 62. 4%，占比同比回落 3. 1 个百分点（见表 10、表 11）。

表 10　大额实时支付系统业务笔数地区间占比变动统计表

单位：万笔、%、个百分点

地区	2010 年第一季度	占比	占比增长	2011 年第一季度	占比	占比增长
广东	825. 9	12. 3	-1. 8	839. 97	10. 9	-1. 4
浙江	632. 04	9. 4	0. 2	804. 44	10. 5	1. 1
江苏	569. 84	8. 5	-0. 1	654. 44	8. 5	—
上海	473. 94	7. 1	-0. 5	519. 68	6. 8	-0. 3
深圳	401. 45	6. 0	0. 8	505. 64	6. 6	0. 6
其他省份	3 817. 49	56. 7	1. 4	4 353. 26	56. 7	—

表 11 大额实时支付系统业务金额地区间占比变动统计表

单位：亿元、%、个百分点

地区	2010 年第一季度	占比	占比增长	2011 年第一季度	占比	占比增长
北京	828 546. 84	35. 3	-1. 4	1 043 004. 95	34. 0	-1. 3
上海	318 624. 84	13. 6	-0. 4	403 894. 05	13. 2	-0. 4
深圳	156 729. 98	6. 7	0. 5	162 833. 97	5. 3	-1. 4
江苏	120 897. 92	5. 2	0. 5	158 844. 19	5. 2	—
广东	110 739. 69	4. 7	0. 1	143 415. 19	4. 7	—
其他省份	808 594. 28	34. 5	0. 7	1 152 378. 51	37. 6	3. 1

国有商业银行业务量占比持续下滑，股份制商业银行业务量占比小幅上升。从行别分布的情况看，国有商业银行通过大额实时支付系统处理业务4 046. 78 万笔，金额1 090 324. 83 亿元，分别占大额实时支付系统业务量的52. 7%和35. 6%，同比分别回落2. 7 个百分点和3. 1 个百分点；股份制商业银行通过大额实时支付系统处理业务 1 581. 76 万笔，金额837 531. 59亿元，分别占大额实时支付系统业务量的20. 6%和27. 3%，同比分别增长1. 2 个百分点和1. 8 个百分点（见表12）；城市商业银行、农村商业银行和中国邮政储蓄银行的业务量占比均略有上升。

表 12 大额实时支付系统行别间业务笔数、金额占比变动表

单位：万笔、亿元、%、个百分点

银行类别	2010 年第一季度		占比变动		2011 年第一季度		占比变动	
	笔数占比	金额占比	笔数	金额	笔数占比	金额占比	笔数	金额
政策性银行	0. 5	2. 9	0. 0	0. 7	0. 5	2. 4	—	-0. 5
国有商业银行	55. 4	38. 7	-2. 2	2. 4	52. 7	35. 6	-2. 7	-3. 1
股份制商业银行	19. 4	25. 5	1. 3	-0. 9	20. 6	27. 3	1. 2	1. 8
城市商业银行	10. 7	7. 6	1. 1	-0. 9	11. 2	8. 4	0. 5	0. 8
农村商业银行	0. 9	0. 5	0. 2	-0. 1	1. 7	1. 0	0. 6	0. 5
城市信用社	0. 1	0. 0	-0. 1	-0. 1	0. 0	0. 0	-0. 1	—
农村信用社	9. 0	5. 4	-0. 1	-0. 3	8. 6	5. 9	-0. 4	0. 5
外资银行	1. 9	3. 0	-0. 2	-1. 1	1. 8	3. 3	-0. 1	0. 3
中国邮政储蓄银行	0. 5	0. 8	0. 2	-0. 4	0. 9	1. 2	0. 4	0. 4
其他	1. 6	15. 6	-0. 2	0. 7	2. 0	14. 8	0. 4	-0. 8

（二）小额批量支付系统

小额批量支付系统业务量持续快速增长，社会公共支付需求进一步增加。第一季度，小额批量支付系统共处理业务 11 277.49 万笔，金额 47 872.05 亿元，同比分别增长 66.7% 和 26.0%，分别占支付系统业务笔数和金额的 3.2% 和 1.0%；日均处理业务 128.15 万笔，金额 544.00 亿元[①]。

从行别分布看，国有商业银行通过小额批量支付系统处理业务 5 916.73万笔，金额 19 153.97 亿元，占小额批量支付系统业务量的 52.5% 和 40.0%；股份制商业银行通过小额批量支付系统处理业务 2 891.68万笔，金额 7 323.66 亿元，占小额批量支付系统业务量的 25.7% 和 15.3%；城市商业银行、农村商业银行等其他金融机构[②]通过小额批量支付系统处理业务 1 894.31 万笔，金额 20 951.38 亿元，占小额批量支付系统业务量的 16.8% 和 43.8%；外资银行通过小额批量支付系统处理业务 489.57 万笔，金额 302.68 亿元，占小额批量支付系统业务量的 4.3% 和 0.6%；政策性银行通过小额批量支付系统处理业务 12.71 万笔，金额 63.25 亿元，占小额批量支付系统业务量的 0.1% 和 0.1%；中国邮政储蓄银行通过小额批量支付系统处理业务 72.49 万笔，金额 77.11 亿元，占小额批量支付系统业务量的 0.6% 和 0.2%（如图 45、图 46）。

（三）同城票据清算系统

同城票据清算系统业务量同比小幅降低。第一季度，同城票据清算系统共处理业务 10 008.09 万笔，金额 175 477.46 亿元，同比分别减少

① 2011 年第一季度小额批量支付系统实际运行 88 个工作日，此处以实际运行工作日计算。

② 含城市商业银行、农村商业银行、城市信用社、农村信用社、其他。

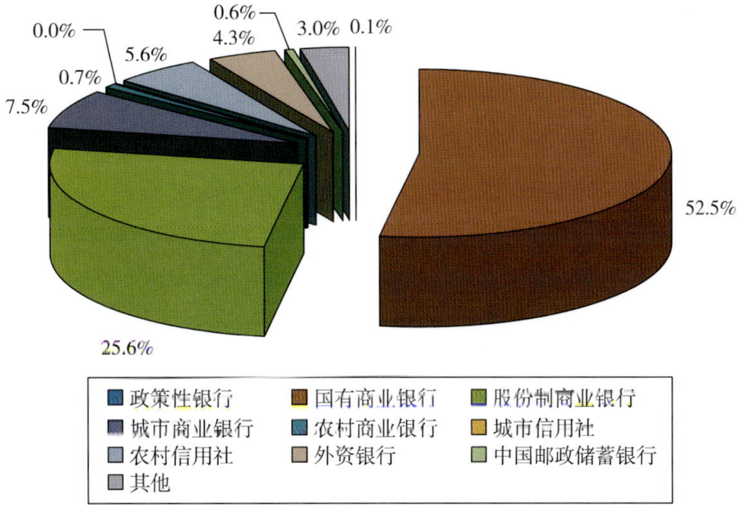

图 45　2011 年第一季度小额批量支付系统行别间业务笔数占比示意图

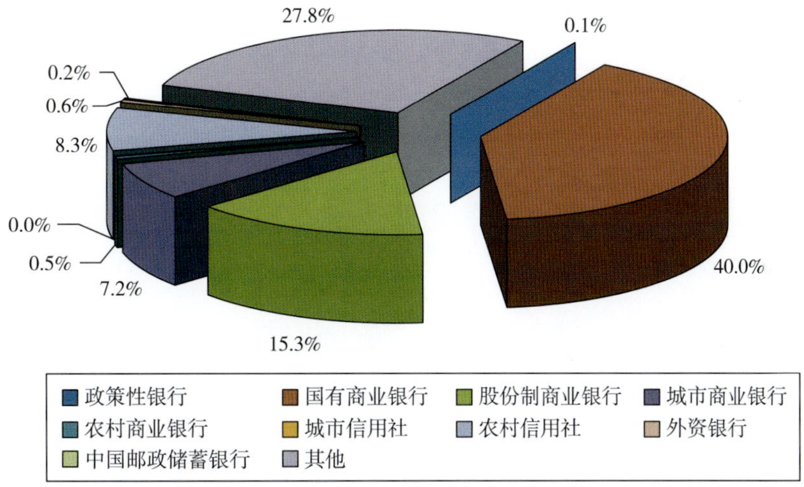

图 46　2011 年第一季度小额批量支付系统行别间业务金额占比示意图

8.5%和2.3%，占支付系统业务笔数和金额的2.8%和3.8%；日均处理业务166.80万笔，金额2 924.62亿元①。

第一季度，同城票据清算系统处理业务笔数居前五位的依次是浙江、广东、江苏、北京和上海，五省（市）业务总笔数占同城票据清算系统业务量的65.1%，占比同比增长1.0个百分点。业务金额居前五位的依次是江苏、浙江、北京、山东和广东，五省（市）业务总金额占同

① 此处以2011年第一季度实际工作日60日计算。

城票据清算系统业务量的58.7%，占比同比下降0.1个百分点。江苏、浙江、上海、北京、广东和山东六省（市）同城票据清算业务量居全国前列（如图47、图48）。

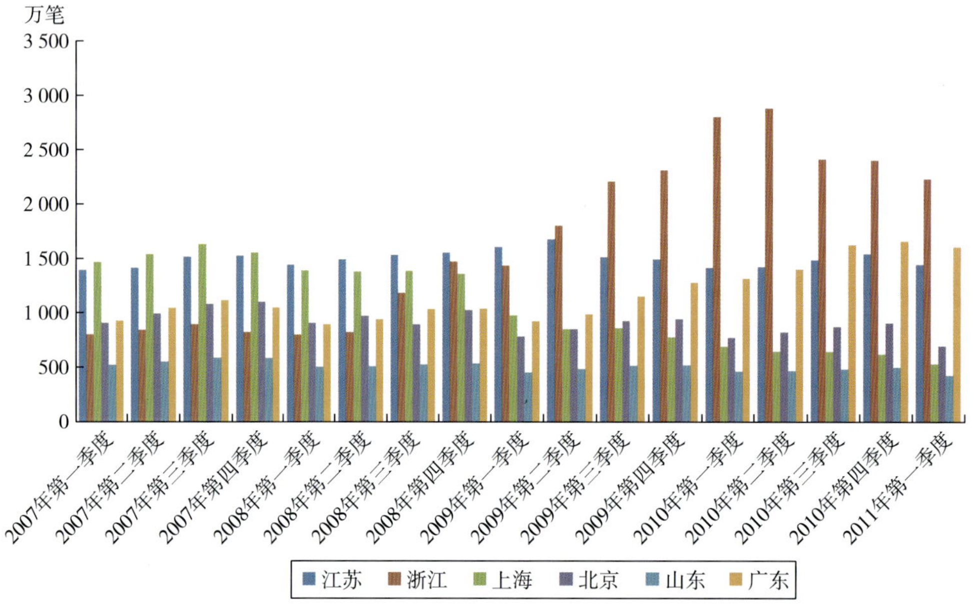

图47　2007年第一季度以来六省（市）同城票据清算系统业务笔数变动示意图

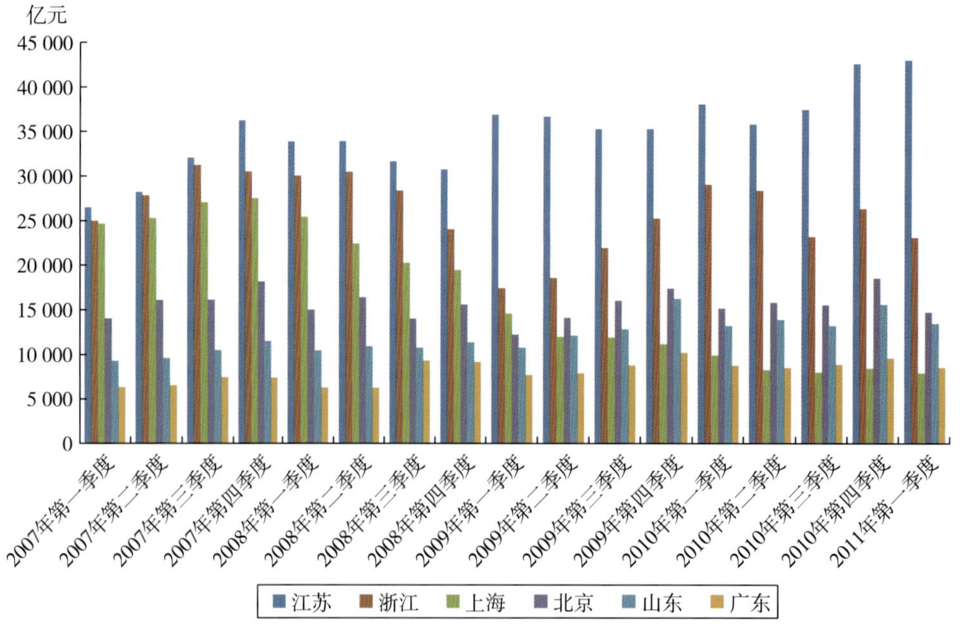

图48　2007年第一季度以来六省（市）同城票据清算系统业务金额变动示意图

（四）境内外币支付系统

境内外币支付系统业务量环比小幅下降。第一季度，境内外币支付系统共运行60个工作日，处理支付业务15.87万笔，金额3 246.38亿元（494.00亿美元），较2010年第四季度分别下降3.8%和4.0%；日均处理支付业务2 644笔，金额54.1亿元（8.23亿美元）。

业务量仍以美元交易为主，美元与欧元支付业务同比增长显著。第一季度，外币支付系统共处理美元支付业务15.32万笔，金额3 005.5亿元（457.3亿美元），同比分别增长58.4%和128.6%，分别占外币支付业务笔数的96.5%和业务金额的92.6%，笔数占比较2010年第四季度下降0.5个百分点，金额占比较2010年第四季度上升2.2个百分点；处理欧元支付业务2 450笔，金额149.7亿元（22.8亿美元），同比分别增长107.0%和101.0%（见表13）。

表13 外币支付系统业务量统计表

单位：日、笔、万元

币种	工作日	笔数	金额（折合美元）	金额（折合人民币）	日均笔数	日均金额（美元）	日均金额（人民币）
美元	60	153 241	4 573 404.83	30 054 576.00	2 554	76 223.41	500 909.60
港元	60	1 125	66 685.85	438 232.55	19	1 111.43	7 303.88
欧元	60	2 450	227 766.00	1 496 786.52	41	3 796.10	24 946.44
日元	60	949	67 446.56	443 231.63	16	1 124.11	7 387.19
澳大利亚元	60	494	2 431.25	15 977.17	8	40.52	266.29
加拿大元	60	153	871.17	5 724.99	3	14.52	95.42
英镑	60	237	1 362.12	8 951.28	4	22.70	149.19
瑞士法郎	60	14	44.83	294.58	0	0.75	4.91
合计	60	158 663	4 940 012.60	32 463 774.72	2 644	82 333.54	541 062.91

（五）银行业金融机构行内支付系统

银行业金融机构行内支付系统业务量继续较快增长，在支付服务市场中的基础性作用进一步加强。第一季度，银行业金融机构行内支付系统共处理业务 172 870.88 万笔，金额 1 289 149.23 亿元，同比分别增长 73.2% 和 34.0%，分别占支付系统业务笔数和金额的 48.8% 和 28.0%；日均处理业务 1 920.79 万笔，金额 14 323.88 亿元[①]。

除政策性银行和城市信用社外，各类商业银行行内支付系统业务量均发生显著增长，其中，国有商业银行和股份制商业银行业务笔数迅猛增长，外资银行和中国邮政储蓄银行业务金额明显提升。国有商业银行行内支付系统共处理业务 115 519.36 万笔，金额 731 973.88 亿元，同比分别增长 93.1% 和 48.3%；股份制商业银行行内支付系统共处理业务 16 489.21 万笔，金额 265 023.72 亿元，同比分别增长 121.3% 和 11.7%；城市商业银行行内支付系统共处理业务 10 750.49 万笔，金额 179 562.83 亿元，同比分别增长 29.3% 和 31.9%；外资银行行内支付系统处理业务 6.99 万笔，金额 11 349.01 亿元，同比分别增长 32.4% 和 72.5%；中国邮政储蓄银行行内支付系统共处理业务 8 578万笔，金额 10 375.86 亿元，同比分别增长 9.0% 和 52.3%；农村金融机构[②]行内支付系统共处理业务 21 507.28 万笔，金额 88 245.64 亿元，同比分别增长 32.3% 和 11.8%；政策性银行行内支付系统共处理业务 19.55 万笔，同比下降 10.1%，金额 2 618.24 亿元，同比增长 7.1%（如图 49）。

---

① 此处按 2011 年第一季度 90 个自然日计算。

② 包括农村商业银行、农村合作银行及农村信用社。

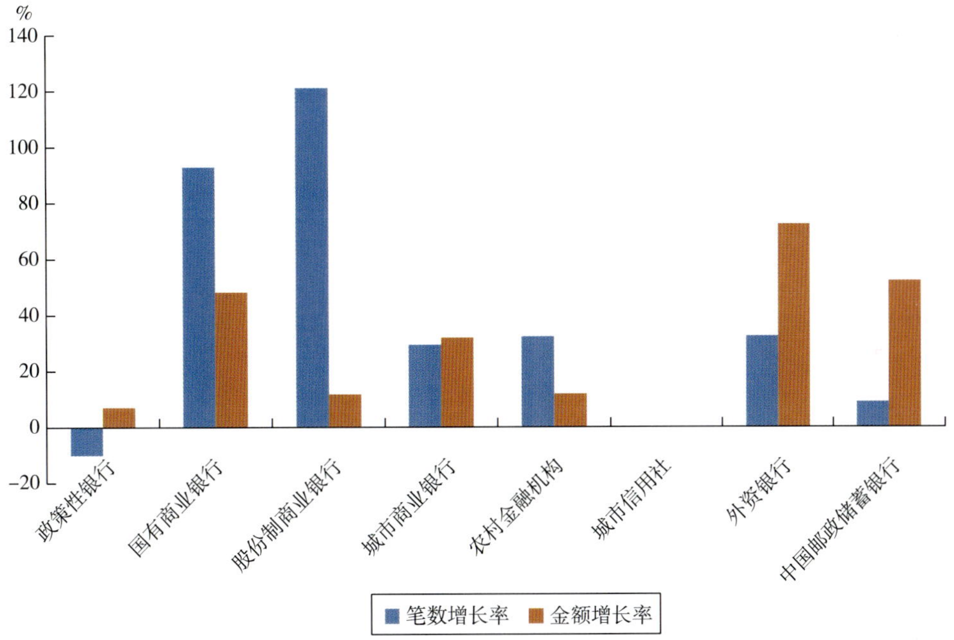

图 49　2011 年第一季度银行业金融机构行内支付系统业务笔数、金额同比增长率示意图

（六）银行卡跨行支付系统

银行卡跨行支付系统业务量持续快速增长，金额增速环比明显下降。第一季度，银行卡跨行支付系统共处理业务 152 620.01 万笔，金额 33 029.98 亿元，同比分别增长 23.8% 和 40.0%，笔数增速较 2010 年第四季度上升 0.6 个百分点，金额增速较 2010 年第四季度下降 7.2 个百分点，日均处理业务 1 695.8 万笔，金额 367.0 亿元①（如图 50）。

国有商业银行和股份制商业银行本行卡跨行业务占比与 2010 年第四季度相比略有下降。第一季度，国有商业银行和股份制商业银行作为发卡方，发生银行卡跨行业务 122 183.60 万笔，金额 25 865.56 亿元，占银行卡跨行支付系统业务量的 80.1% 和 78.3%，较 2010 年第四季度占比分别回落 0.4 个百分点和 1.3 个百分点；中国邮政储蓄银行作为发卡方，发生银行卡跨行业务 9 579.52 万笔，金额 1 477.82 亿元，占银行卡跨行业务量的 6.3% 和 4.5%，较 2010 年第四季度笔数占比回落 0.4 个

① 此处按 2011 年第一季度 90 个自然日计算。

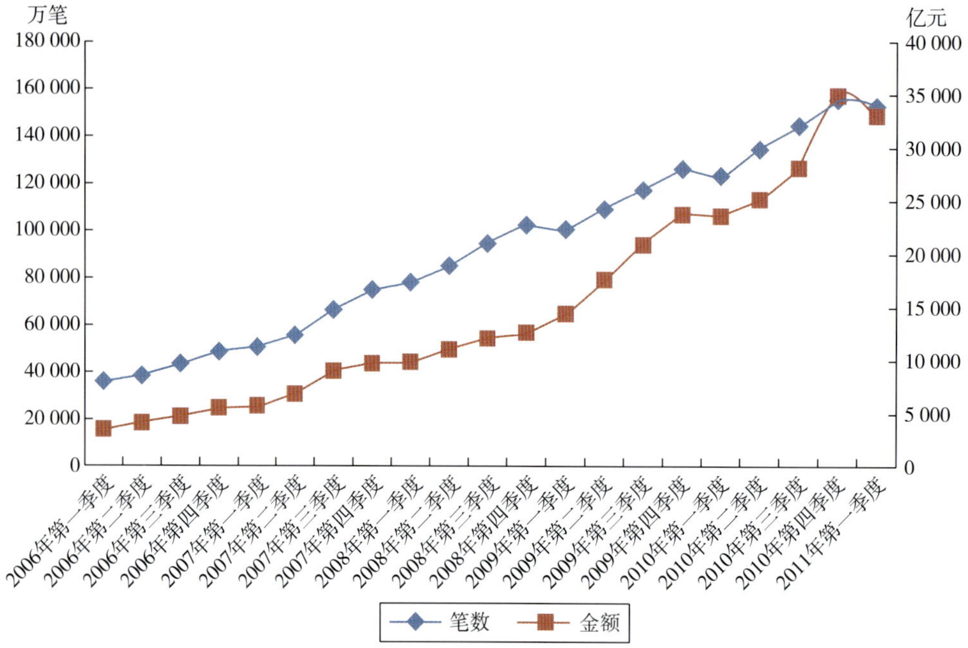

图 50　2006 年第一季度以来银行卡跨行支付系统业务量变化趋势图

百分点，金额占比上升 0.2 个百分点；城市商业银行、农村商业银行等其他金融机构[①]作为发卡方，发生银行卡跨行业务 20 856.91 万笔，金额 5 686.58 亿元，占银行卡跨行业务量的 13.6% 和 17.2%，较 2010 年第四季度分别上升 0.9 个百分点和 1.1 个百分点（如图 51、图 52）。

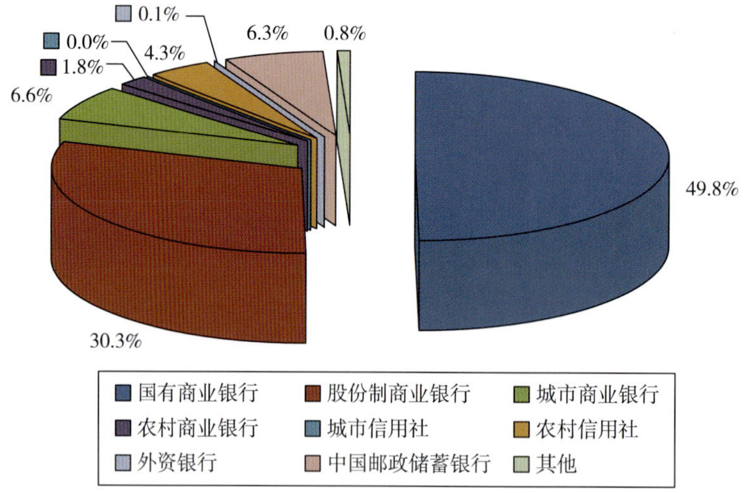

图 51　2011 年第一季度银行卡跨行支付系统行别间本行卡跨行业务笔数占比示意图

① 含城市商业银行、农村商业银行、城市信用社、农村信用社、外资银行、其他。

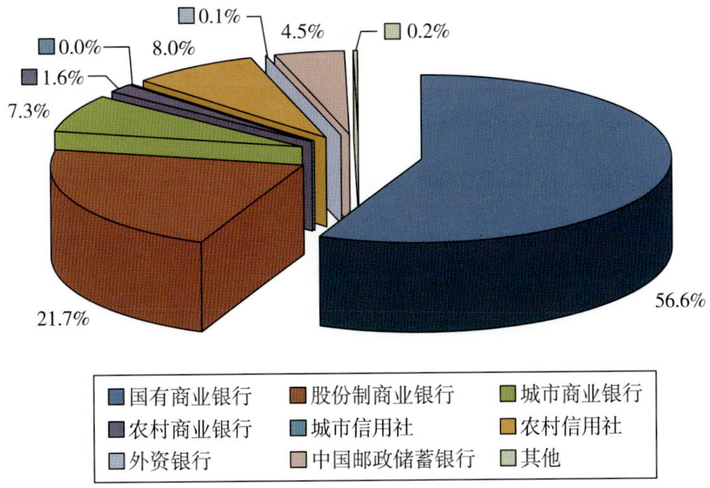

图 52　2011 年第一季度银行卡跨行支付系统行别间本行卡跨行业务金额占比示意图

国有商业银行和股份制商业银行受理他行卡业务占比与 2010 年第四季度相比变化不大。城市商业银行、农村商业银行等其他金融机构业务金额占比小幅下降。第一季度，国有商业银行和股份制商业银行受理他行银行卡业务 95 117.47 万笔，金额 21 597.76 亿元，占银行卡跨行业务量的 62.3% 和 65.4%，较 2010 年第四季度笔数占比下降 0.1 个百分点，金额占比下降 0.3 个百分点；中国邮政储蓄银行受理他行银行卡业务 6 350.85万笔，金额 660.89 亿元，占银行卡跨行业务量的 4.2% 和 2.0%，较 2010 年第四季度占比分别上升 0.1 个百分点和 0.2 个百分点；城市商业银行、农村商业银行等其他金融机构受理他行银行卡业务 51 151.69万笔，金额 10 771.13 亿元，占银行卡跨行业务量的 33.5% 和 32.6%，笔数占比与 2010 年第四季度持平，金额占比上升 0.1 个百分点（如图 53、图 54）。

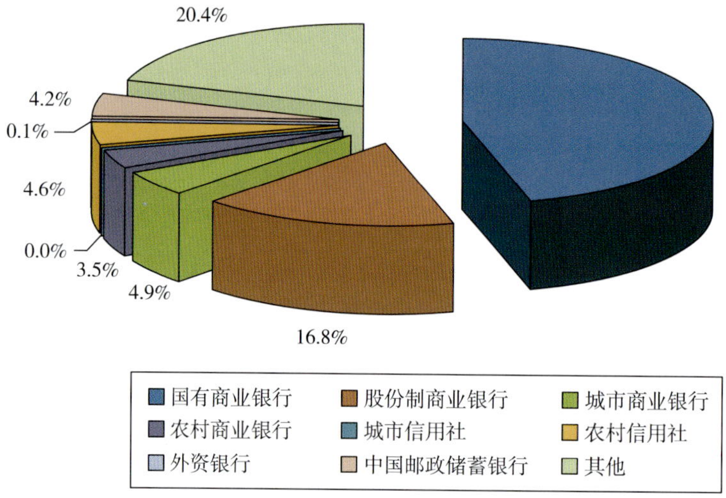

图 53 2011 年第一季度银行卡跨行支付系统行别间受理跨行业务笔数占比示意图

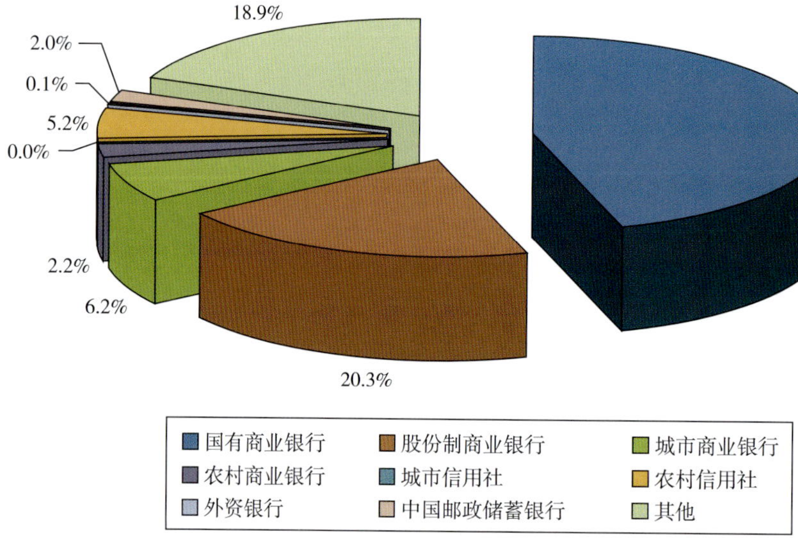

图 54 2011 年第一季度银行卡跨行支付系统行别间受理跨行业务金额占比示意图

三、银行结算账户

银行结算账户数量继续保持平稳增长，增速小幅回落，个人银行结

算账户增速放慢，但仍然超过单位银行结算账户增速。截至第一季度末，全国共有银行结算账户 350 098.21 万户，环比增长 3.7%，增速较上季度放缓 0.7 个百分点。其中，单位银行结算账户 2 571.48 万户，占银行结算账户的 0.7%，环比增长 3.4%，增速较 2010 年第四季度提高 0.3 个百分点；个人银行结算账户 347 526.73 万户，占银行结算账户的 99.3%，环比增长 3.7%，增速较 2010 年第四季度放缓 0.8 个百分点。

（一）单位银行结算账户

单位银行结算账户数量稳步增长，基本存款账户数量占单位银行结算账户总数的近六成，一般存款账户环比和同比增幅位居单位银行结算账户之首。截至第一季度末，全国单位银行结算账户 2 571.48 万户，环比增长 3.4%，同比增长 14.0%。其中，基本存款账户 1 522.08 万户，一般存款账户 783.42 万户，专用存款账户 241.38 万户，临时存款账户 24.59 万户，分别占单位银行结算账户的 59.2%、30.4%、9.4% 和 1.0%（如图 55），环比分别增长 3.2%、4.4%、1.8% 和 0.9%（如图 56），同比分别增长 14.8%、15.3%、6.6% 和 4.2%（如图 57）。

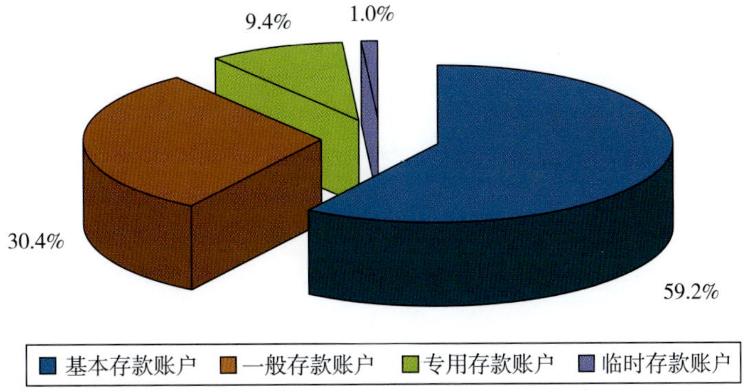

图 55　2011 年第一季度各类单位银行结算账户数量占比示意图

单位银行结算账户数量分布和地区经济发展程度一致，单位银行结算账户数量主要集中在东部地区，中部地区增速较高，区域间发展不平

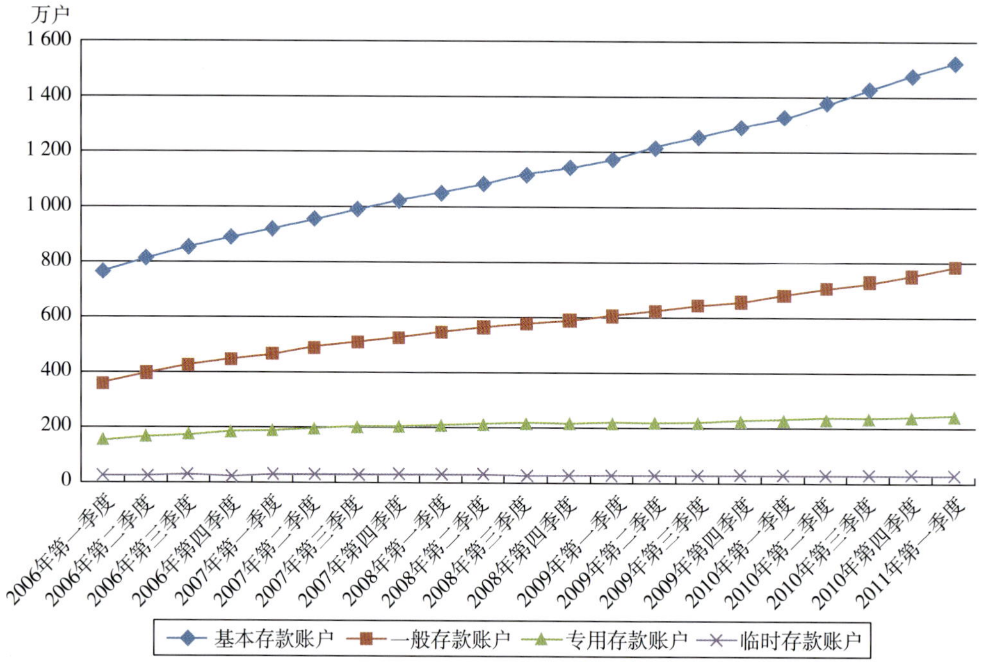

图 56　2006 年第一季度以来单位银行结算账户数量变动趋势图

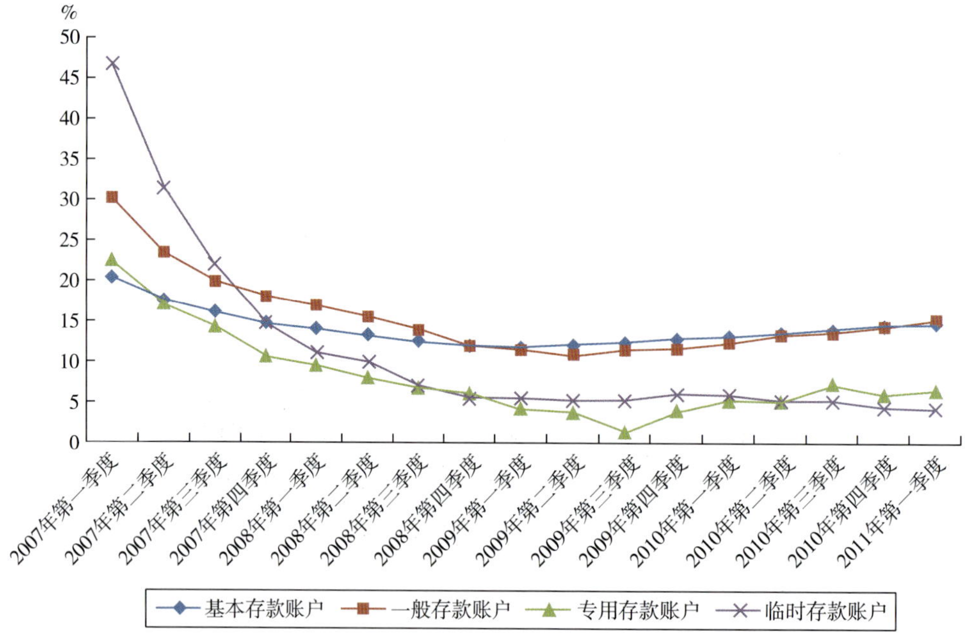

图 57　2007 年第一季度以来单位银行结算账户季度同比增幅变动图

衡的状况有所改善。截至第一季度末，东部、中部、西部和东北地区单位银行结算账户数量分别为 1 530.36 万户、407.49 万户、449.71 万户和 183.92 万户，分别占全国单位银行结算账户的 59.5%、15.8%、17.5% 和 7.2%，与地区经济发展程度基本一致（如图 58）；环比分别增长 3.3%、4.0%、3.6% 和 2.7%。2006 年第一季度以来，中部地区单位银行结算账户数量增长较快，同比、环比增速始终高于全国平均水平。

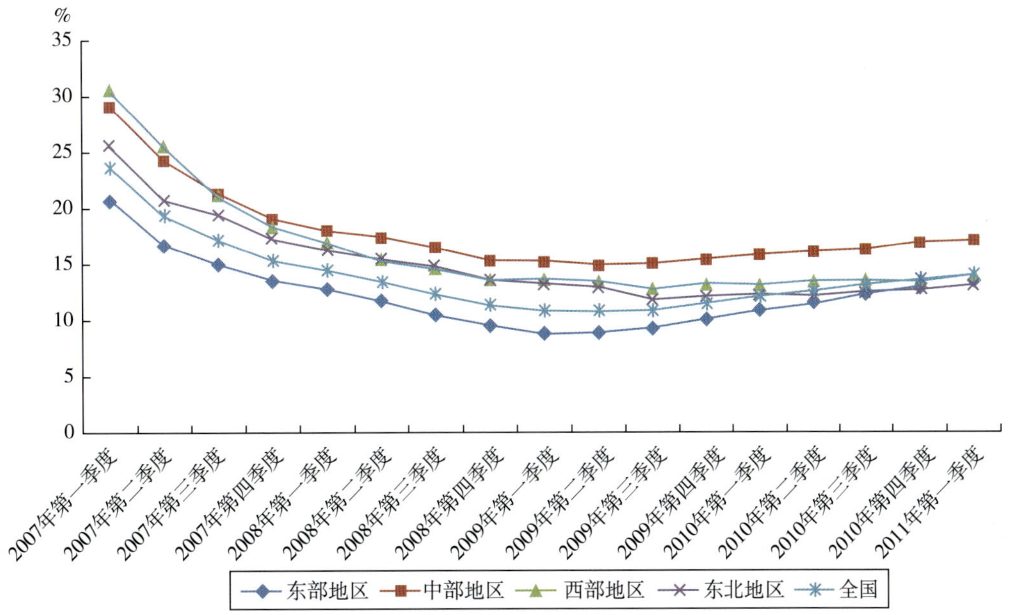

图 58　2007 年第一季度以来各地区单位银行结算账户同比增幅变动图

经济较发达、企业经营活动较频繁的东部省（市）单位银行账户数量较多，占全国比重较大，中西部地区单位银行结算账户环比、同比增幅居全国前列，重庆单位银行结算账户环比增幅居全国各省（市、自治区）之首。截至第一季度末，继江苏、广东、浙江、山东、上海、北京等 6 个省（市）之后，河南省单位银行结算账户数量也突破 100 万户，7 个省（市）的单位银行结算账户共计 1 392.22 万户，环比增长 3.3%，占全国单位银行结算账户的 54.1%。截至第一季度末，重庆单位银行结算账户 40.80 万户，环比增长 5.4%，环比增幅居全国各省（市、自治区）之首，高出全国平均值 2.0 个百分点。重庆、福建、安徽、宁夏、浙江、河南、江西、湖北、山东、内蒙古、广西、贵州、海南等省

（市、自治区）单位银行结算账户环比、同比增幅均高于全国平均水平（如图 59、图 60、图 61）。

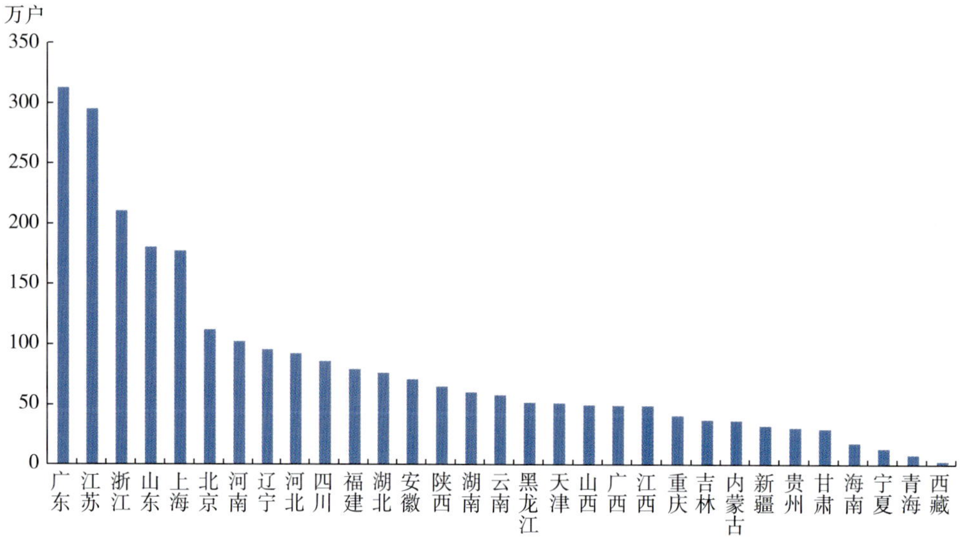

图 59　2011 年第一季度各省（市、自治区）单位银行结算账户数量分布图

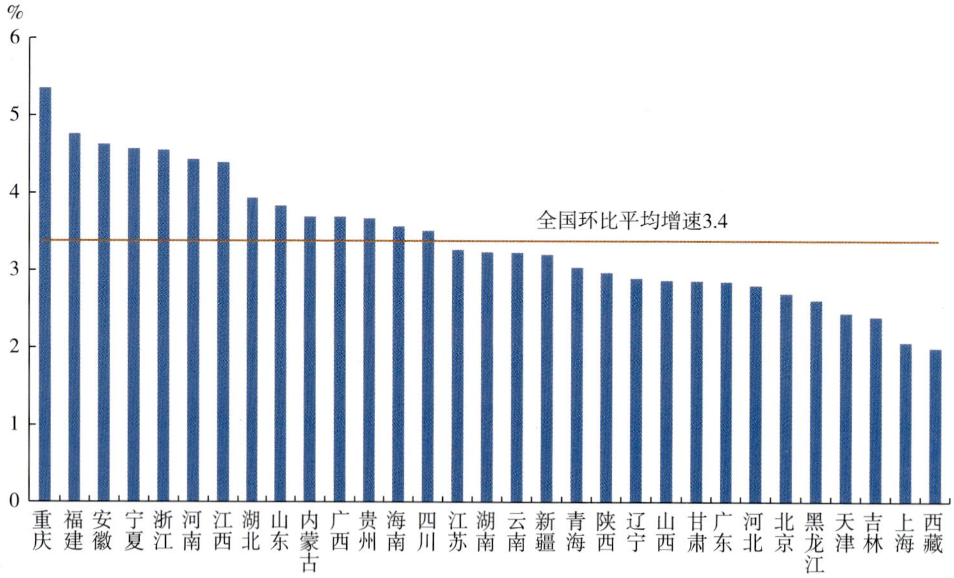

图 60　2011 年第一季度各省（市、自治区）单位银行结算账户环比增幅示意图

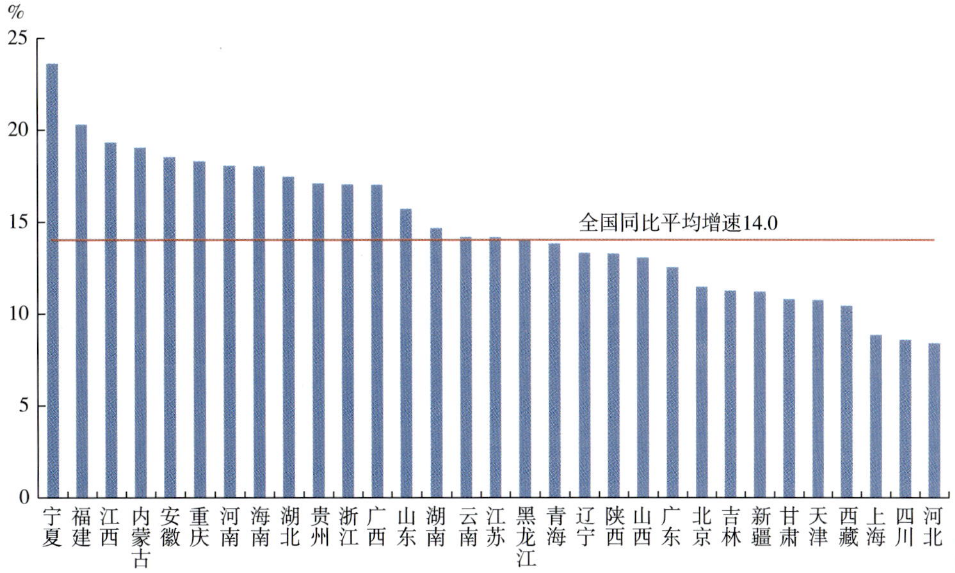

图61 2011年第一季度各省（市、自治区）单位银行结算账户同比增幅示意图

各类银行业金融机构拥有的单位银行结算账户数量所占比重变化不大，国有商业银行占比微升，其他类别银行机构占比基本稳定。截至第一季度末，政策性银行、国有商业银行、股份制商业银行、其他金融机构[①]的单位银行结算账户数量分别为16.67万户、1 341.36万户、344.11万户和869.34万户，占全国单位银行结算账户数量的比例分别为0.6%、52.2%、13.4%和33.8%。2006年第一季度以来，国有商业银行单位银行结算账户占比逐年下降，本季度首次微升0.1个百分点，截至第一季度末，占比下降幅度达4.3个百分点；其他金融机构占比上升3.8个百分点，股份制商业银行占比上升0.4个百分点，政策性银行占比基本保持稳定（如图62）。股份制商业银行、城市商业银行、农村商业银行、农村信用社、中国邮政储蓄银行等金融机构对单位客户开立结算账户的吸引力持续提高。

① 其他金融机构包括城市商业银行、城市信用社、农村商业银行、农村信用社、中国邮政储蓄银行、外资银行，下同。

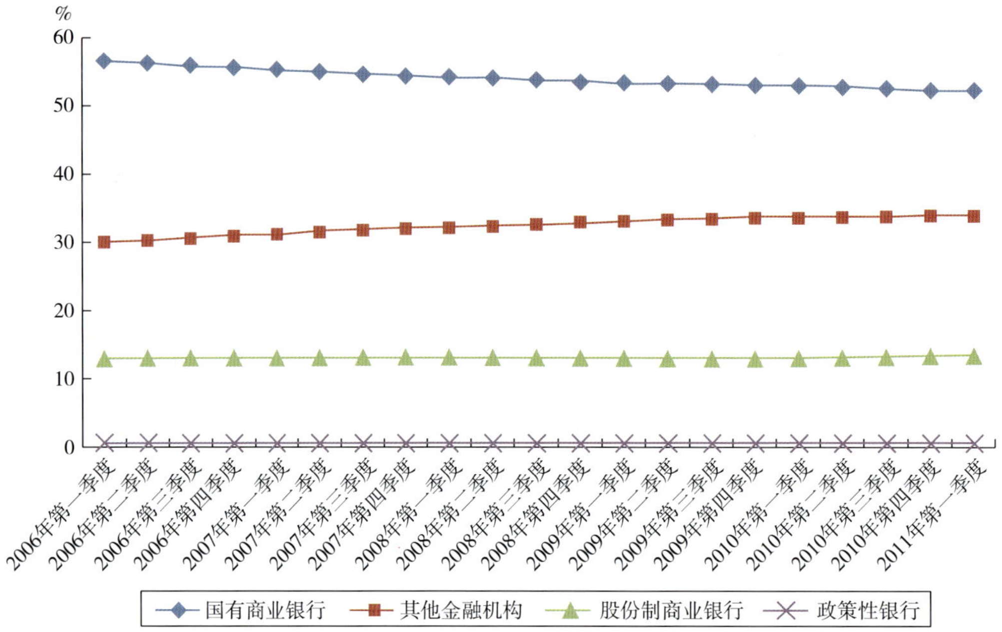

图 62　2006 年第一季度以来各类银行业金融机构单位银行结算账户数量占比示意图

专栏 3　西部欠发达地区村镇银行账户管理中存在的问题及建议——以宁夏为例

截至 2010 年年末，全国共成立村镇银行 349 家①。村镇银行的设立对于改善农村金融服务，推动农村产业结构调整具有重要意义。然而，在金融业快速发展的今天，村镇银行如何突破支付结算瓶颈、完善金融服务功能仍是亟待解决的问题。村镇银行作为新型金融机构，账户业务开展时间较短，业务量较小，业务种类和管理也急需进一步完善，如何引导村镇银行账户业务健康快速发展，有效弥补金融供给不足地区企事业单位及社会公众的金融服务需求，值得我们深入研究。

一、宁夏村镇银行账户业务基本现状

宁夏目前共有村镇银行 3 家，分别为吴忠市滨河村镇银行、平罗沙湖村镇银行及贺兰回商村镇银行，此外，另有 8 家处于筹备阶段，预计将于近期陆续开业。截至 2011 年第一季度末，3 家村镇银行资产总额共计 13.95 亿元，各项

① 数据来源于《中国银行业监督管理委员会 2010 年报》。

贷款余额9.82亿元，各项存款余额10.58亿元，经营状况良好，2010年共实现利润约1 171万元。截至2011年第一季度末，3家村镇银行共开立单位银行结算账户331户，其中：基本存款账户48户，一般存款账户274户，专用存款账户8户，临时存款账户1户；共开立个人银行结算账户17 751户（见专栏表3-1）。

专栏表3-1　2011年第一季度末宁夏各村镇银行银行结算账户数量统计表

单位：户

银行机构名称	单位银行结算账户					个人银行结算账户	总计
	基本	一般	专用	临时	合计		
吴忠滨河村镇银行	26	194	3	0	223	4 247	4 470
平罗沙湖村镇银行	20	26	5	1	52	11 095	11 147
贺兰回商村镇银行	2	54	0	0	56	2 409	2 465
合计	48	274	8	1	331	17 751	18 082

二、村镇银行账户业务开展现状分析

（一）银行结算账户种类单一

从目前情况看，村镇银行开立的单位银行结算账户数量较少，种类较为单一，以一般户为主。截至2011年第一季度末，宁夏各村镇银行基本存款账户、一般存款账户、专用存款账户及临时存款账户分别占单位银行结算账户的14.5%、82.8%、2.4%和0.3%。其中，专用存款账户中有4户为银行间同业拆借账户，占专用存款账户总数的44.4%，其他类别的专用存款账户数量极少。

（二）优质客户资源稀缺，中小企业及个体户单位银行账户占绝对主导

从村镇银行现有存款人特点分析，主要可以分为以下四类：一是注册资金较小的企业法人及个体工商户，此类账户构成了目前村镇银行单位结算账户的主体，宁夏各村镇银行共开立企业法人及个体工商户账户267户，占单位银行结算账户总数的80.7%，其中绝大部分以一般存款账户为主，部分存款人为了办理贷款或者贴现业务而开立一般账户；二是各类金融机构、小额贷款公司及担保公司，宁夏各村镇银行共开立此类账户45户，占单位银行结算账户总数的13.6%。由于村镇银行面临着客户资源稀缺的问题，政府金融办等部门引导小额贷款公司及担保公司在村镇银行开立账户。

（三）涉农类账户数量占比较低，村镇银行支农惠农作用有待于进一步发挥

截至2011年第一季度末，宁夏各村镇银行共开立农林牧渔类涉农银行结算

账户共计46户，占村镇银行单位银行结算账户的13.9%。其中，基本存款账户15户，一般存款账户31户，涉农类基本存款账户占村镇银行基本户总数的31.3%。村镇银行为农村地区涉农企业及各类农村专业合作社提供了有效的金融服务，正逐步破解欠发达地区金融服务供给不足的难题，但是其涉农类基本存款账户绝对数量较少以及涉农类账户数量整体占比较低，村镇银行支农惠农作用还未能充分发挥。

三、村镇银行账户开立及管理中面临的困难和问题

由于村镇银行制度建设相对滞后，专业人才储备不足，在账户内部管理方面普遍存在以下问题：一是开立一般存款账户未根据结算需要出具相关证明；二是开立备案类单位银行结算账户超期报备的现象较为严重；三是账户管理人员无法有效制约存款人及时更新账户资料，资料过期现象较为突出；四是人员培训不到位，账户管理人员对相关制度学习较少，加之培训力度不够，人员更替频繁，导致账户管理相对混乱。

四、政策建议

为促进村镇银行进一步发挥其特点和作用，提高金融服务水平和质量，特提出以下建议：

（一）对村镇银行账户开立予以政策倾斜和引导

针对村镇银行的实际情况出台针对性的政策意见，如规定农村合作组织、农村基层预算单位等相关涉农机构在村镇银行开户可以享受一定的政策优惠，享受低息补贴贷款来吸引存款人，逐步发挥村镇银行支农惠农的作用。

（二）适当提高村镇银行账户业务的准入门槛

建立统一的账户管理准入制度，对村镇银行的资质、运营能力以及相关从业人员的业务素质予以考核，对于考核达标行予以准入，对不达标行开展业务培训，促使其规范开展账户业务。

（三）充分发挥人民银行基层行的触角作用，积极引导和支持村镇银行开展账户业务

发挥人民银行县支行的作用，及时了解和掌握村镇银行在金融服务方面的问题和困难，创新机制，发挥人民银行基层行协调指导的作用，在政策理解、业务操作、风险防范等方面引导村镇银行业务不断健康有序发展。

（中国人民银行银川中心支行供稿）

注册资金规模在100万元以下的中小企业开立的单位银行结算账户数量在全国总量中占有绝对优势；注册资金规模在1亿元以上的单位银行结算账户数量同比与环比均增长较快。目前我国企业以小规模企业为主，大型企业较少。截至第一季度末，注册资金100万元以下、100万~1 000万元、1 000万~1亿元和1亿元以上的企业开立的单位银行结算账户数量占比分别为71.5%、17.6%、8.3%和2.6%。环比分别增长3.8%、2.0%、2.6%和3.4%，同比分别增长13.1%、15.1%、18.8%和19.6%（如图63）。

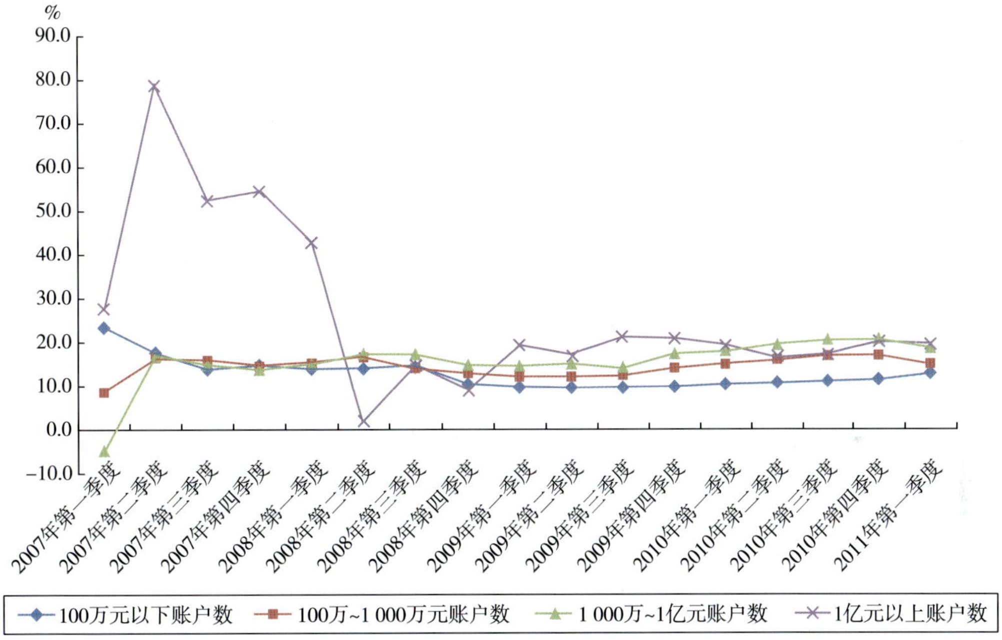

图63　2007年第一季度以来不同注册资金规模单位银行结算账户季度同比增速变动图

注册资金规模在1亿元以上的单位银行结算账户集中于经济发达地区，集中度略有上升。截至第一季度末，山东、广东[①]、江苏、浙江、上海、北京、天津等七省（市）注册资金在1亿元以上的单位银行结算账户数量分别为8.13万户、6.96万户、6.11万户、4.89万户、4.75万户、4.29万户和4.02万户，共计占全国的57.6%，较2010年第四季度上升1.6个百分点，集中程度略有上升（如图64）。

① 含深圳市。

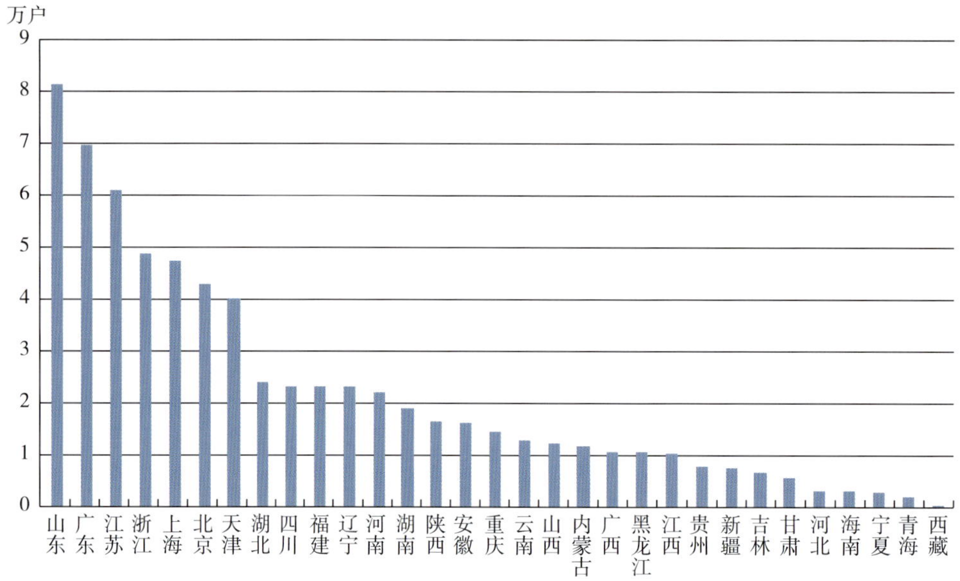

图 64　2011 年第一季度注册资金规模 1 亿元以上的单位银行结算账户地区分布图

注册资金规模在 100 万元以下单位开立的基本存款账户行别间分布情况基本保持稳定，半数以上的中小企业选择在国有商业银行开立基本存款账户。截至第一季度末，国有商业银行、其他金融机构、股份制商业银行和政策性银行拥有的注册资金在 100 万元以下的中小企业的基本存款账户分别为 683.48 万户、466.52 万户、126.97 万户和 2.55 万户，全国占比分别为 53.4%、36.5%、9.9% 和 0.2%，占比情况与 2010 年第四季度基本持平（如图 65）。注册资金在 100 万元以下的中小企业基本存款账户数量分别占上述四类银行业金融机构基本存款账户总数的 82.9%、87.3%、80.0% 和 52.3%。

农业、批发零售业、服务业、房地产业、住宿餐饮、建筑等与社会公众联系较为密切的行业的银行结算账户数量随着行业的快速发展持续增长。各行业的单位银行结算账户延续了 2010 年第四季度的增长态势，截至第一季度末，增速在前五位的农林牧渔业、批发和零售业、租赁和商务服务业、居民服务和其他服务业以及房地产业等与社会公众联系较为密切的行业，同比增幅分别为 22.3%、20.5%、19.9%、18.3% 和 17.7%（见表 14）。

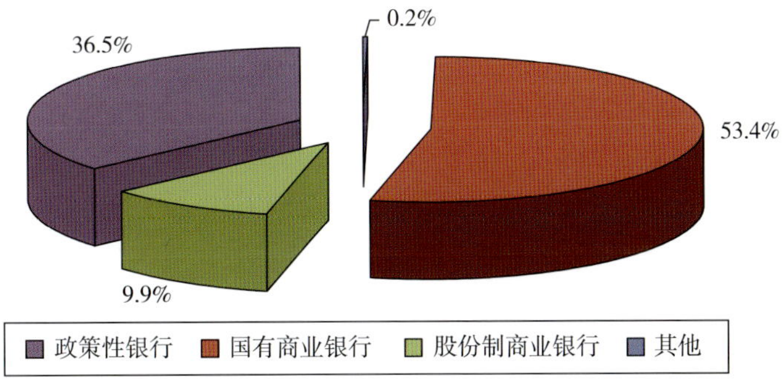

图 65　2011 年第一季度末各类银行业金融机构 100 万元以下基本存款账户数量占比示意图

表 14　各行业单位银行结算账户增长分布统计表

单位：万户、%

行业	2010 年第一季度	2010 年第四季度	2011 年第一季度	2011 年第一季度行业分布占比	2011 年第一季度同比增长率	2011 年第一季度环比增长率
农、林、牧、渔业	88. 31	103. 42	108. 01	4. 2	22. 3	4. 4
采掘业	20. 23	21. 73	22. 31	0. 9	10. 3	2. 7
制造业	400. 81	428. 83	440. 21	17. 1	9. 8	2. 7
电力、燃气及水的生产和供应业	27. 84	28. 62	28. 97	1. 1	4. 1	1. 2
建筑业	103. 38	114. 79	118. 59	4. 6	14. 7	3. 3
交通运输、仓储和邮政业	53. 57	57. 94	59. 34	2. 3	10. 8	2. 4
信息传输、计算机服务和软件业	72. 34	78. 12	80. 13	3. 1	10. 8	2. 6
批发和零售业	616. 5	709. 57	742. 89	28. 9	20. 5	4. 7
住宿和餐饮业	38. 73	43. 31	45. 04	1. 8	16. 3	4. 0
金融业	23. 56	24. 61	25. 39	1. 0	7. 8	3. 2
房地产业	66. 67	75. 34	78. 45	3. 1	17. 7	4. 1
租赁和商务服务业	68. 33	78. 49	81. 95	3. 2	19. 9	4. 4
科学研究、技术服务和地质勘查业	26. 93	29. 14	29. 89	1. 2	11. 0	2. 6
水利、环境和公共设施管理业	19. 35	20. 83	21. 33	0. 8	10. 2	2. 4

续表

行业	2010年第一季度	2010年第四季度	2011年第一季度	2011年第一季度行业分布占比	2011年第一季度同比增长率	2011年第一季度环比增长率
居民服务和其他服务业	163.92	186.85	193.89	7.5	18.3	3.8
教育业	30.06	31.37	31.78	1.2	5.7	1.3
卫生、社会保障和社会福利业	35.27	37.08	37.65	1.5	6.8	1.6
文化、教育和娱乐业	31.17	33.98	34.91	1.4	12.0	2.7
公共管理与社会组织	96.82	102.18	103.6	4.0	7.0	1.4
其他行业	271.19	280.87	287.15	11.2	5.9	2.2
全国	2 254.99	2 487.07	2 571.48	100.0	14.0	3.4

房地产业单位银行结算账户数量继续增长，中西部省份增幅位居前列；房地产业一线省市单位结算账户数量环比增速低于全国总体平均水平。截至第一季度末，全国房地产业单位银行结算账户数量共计78.45万户，同比增长17.7%，同比增速较2010年第四季度下降0.3个百分点，较全国单位银行结算账户同比增速高3.7个百分点，仍居不同行业同比增速前列；环比增长4.1%，环比增速较2010年第四季度提高0.2个百分点，自2010年第三季度和第四季度环比增速回落后再次上升（如图66），高出全国单位银行结算账户环比增速0.7个百分点。分地区来看，房地产业单位银行结算账户数量主要集中在东部和中部经济发达地区，广东[①]、江苏、山东、上海、浙江、河南、四川、河北、湖北、北京等省（市）房地产单位银行结算账户和基本存款账户数量全国占比分别达到58.4%和57.0%。上述十省（市）除湖北外房地产业基本存款账户数均在1万户以上。中部地区和西部地区房地产业单位银行结算账户数量环比增速分别为5.4%和4.5%，高于全国4.1%的总体平均水

① 含深圳市。

平。其中，房地产业单位银行结算账户数量环比增速排名前五位的省（市、自治区）均位于中西部地区，分别为河南、新疆、陕西、湖北、江西，环比增速均在5.3%以上（如图67）。北京、上海、广东、江苏等房地产发展一线地区房地产业单位银行结算账户数量环比增速已连续四个季度低于全国平均水平，我国房地产调控政策对房地产发展一线省市的调控效果初步显现（如图68）。

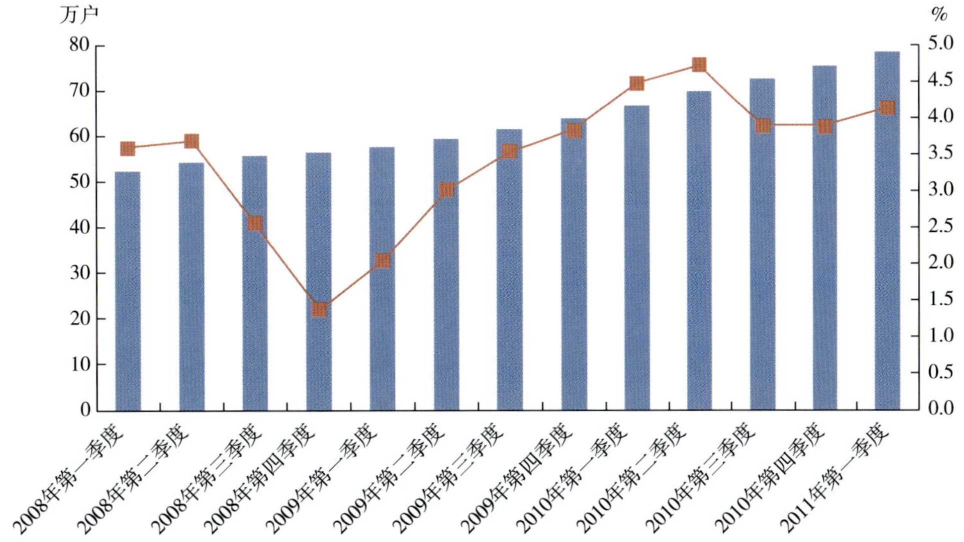

图66 2008年第一季度以来房地产业单位银行账户数量及环比增长变化示意图

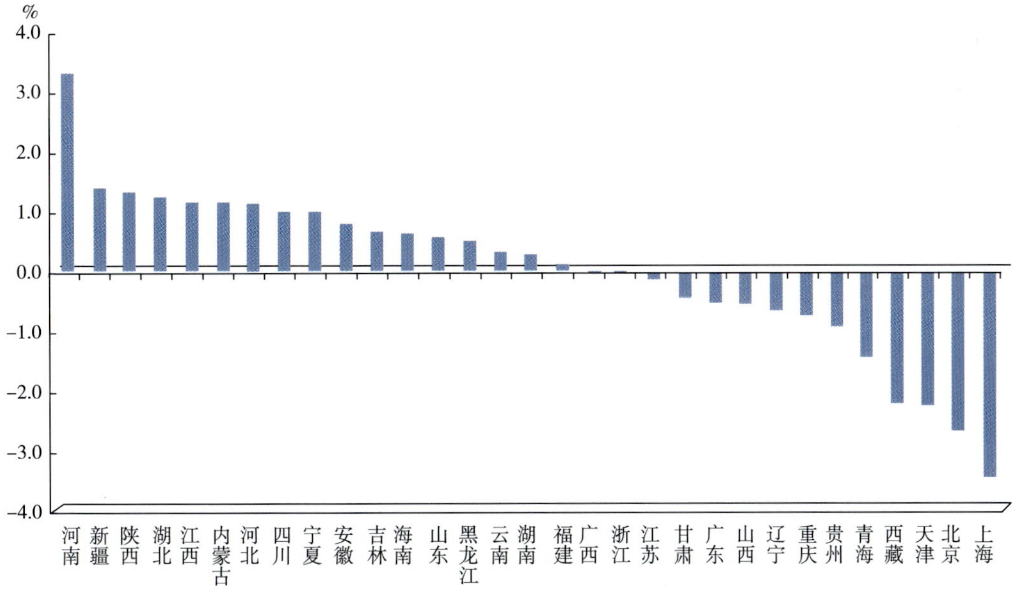

图67 2011年第一季度各省（市、自治区）房地产业单位银行账户数量环比增速与全国平均环比增速差额示意图

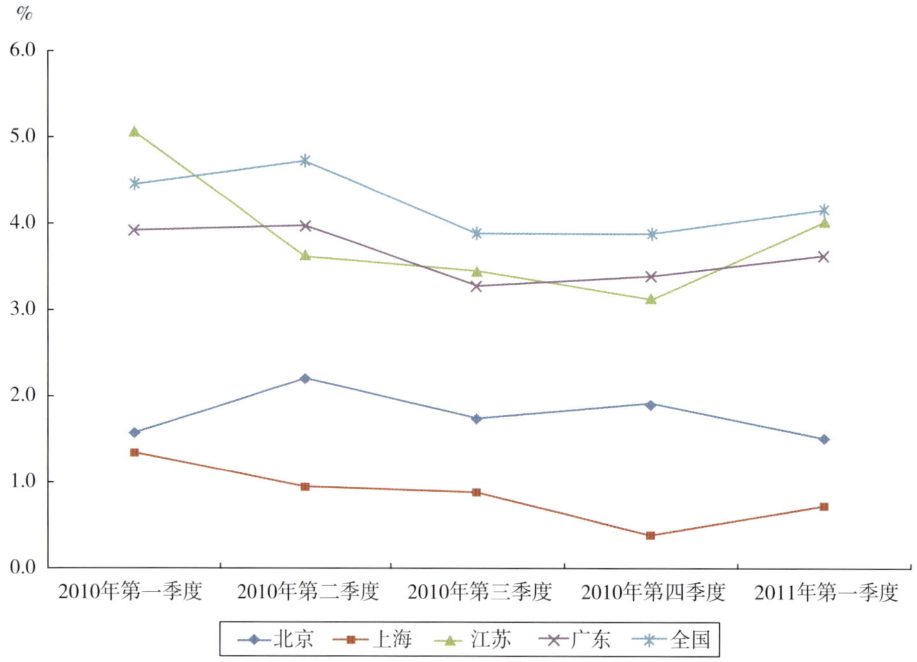

图 68　2010 年第一季度以来部分房地产发展一线省市房地产业单位银行账户数量环比增速示意图

制造业单位银行结算账户数量在单位银行结算账户总量中占比持续下降。截至第一季度末，制造业单位银行结算账户共计 440.21 万户，环比增长 2.7%，环比增速较 2010 年第四季度上升 0.8 个百分点，同比增长 9.8%，同比增速提高 2.4 个百分点。制造业单位银行结算账户数量占全行业单位银行结算账户数量的比重为 17.1%，较 2010 年第四季度下降 0.1 个百分点（如图 69）。

企业法人是单位银行结算账户的主要开户人。截至第一季度末，企业法人存款人银行结算账户共计 1 705.32 万户，同比增长 14.8%，环比增长 3.7%，占全部单位银行结算账户数量的 66.3%，较上季度上升 0.2 个百分点（如图 70、图 71）。

境外机构开立银行结算账户数量以基本存款账户为主。为配合跨境贸易人民币结算试点，规范境外机构人民币银行结算账户的开立和使用，中国人民银行 2010 年 9 月发布了《境外机构人民币银行结算账户管理办法》。截至第一季度末，境外机构共开立人民币银行结算账户 1 620 户，其中，基本存款账户 1 460 户，占境外机构账户总数的 90.1%。

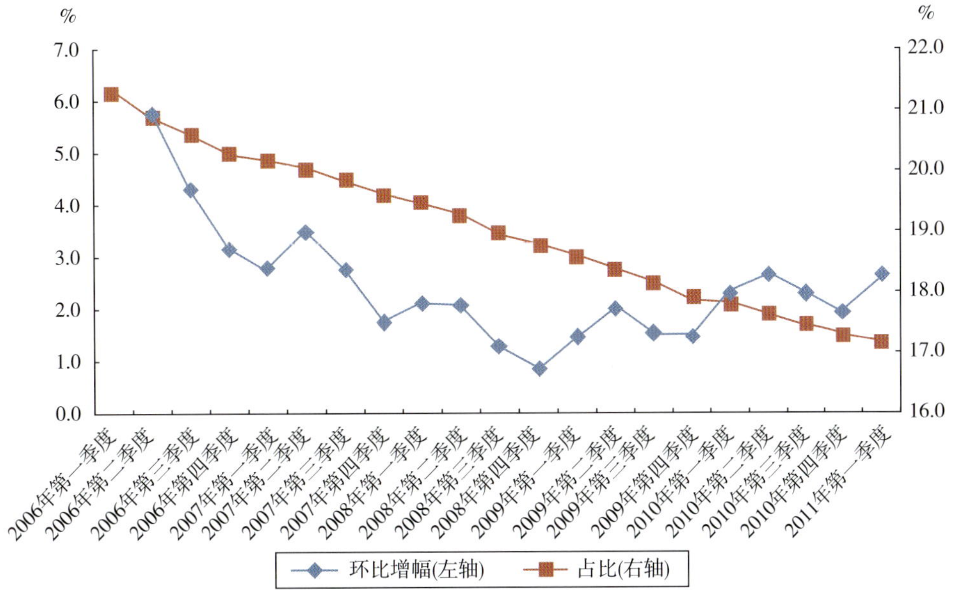

图 69　2006 年第一季度以来制造业账户数量环比增幅及占比示意图

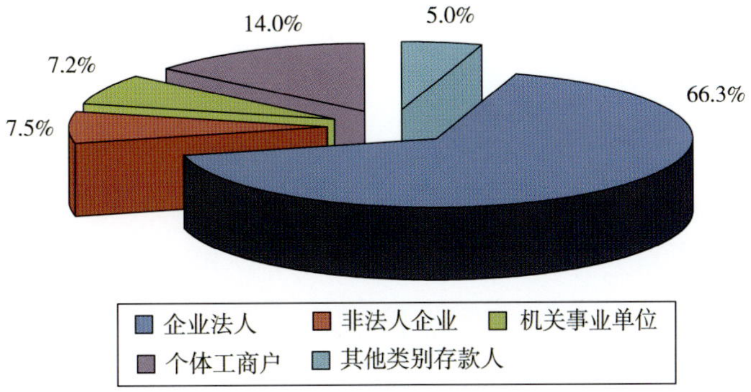

图 70　2011 年第一季度末各类存款人账户数量结构示意图

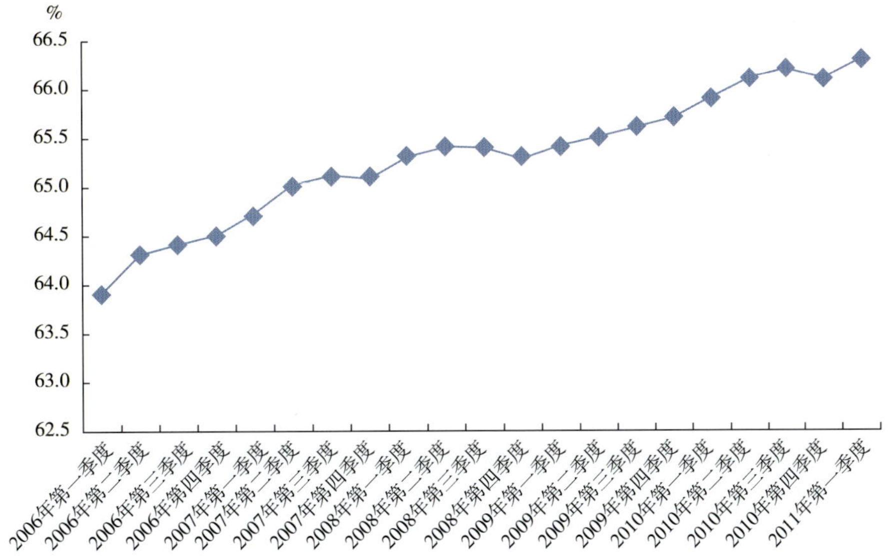

图 71　2006 年第一季度以来企业法人存款人银行结算账户占比变化趋势图

境外机构银行结算账户主要集中于跨境贸易人民币结算首批试点地区。分地区来看，深圳、上海和广东三地境外机构银行结算账户数量合计达到 1 173 户，占境外机构账户总数的 72. 4%（如图 72）。

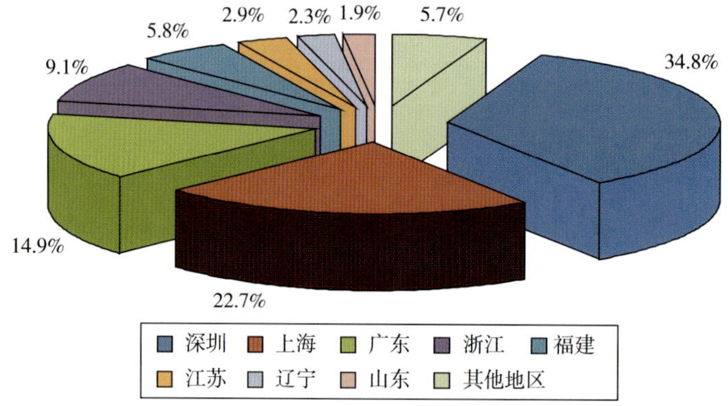

图 72　2011 年第一季度末境外机构单位银行结算账户地区分布示意图

跨区域间经济联系愈加紧密，异地存款账户比例稳步提高。截至第一季度末，异地单位银行结算账户共开立 137. 46 万户，占全部单位银行结算账户数量的5. 3%，较上季度提高0. 1 个百分点（如图73），其中不同省市异地存款账户 34. 19 万户，同一省市异地存款账户 39. 96 万户，同一地市异地存款账户 63. 31 万户。异地单位银行结算账户数量环比增长 5. 8%，较上季度增速提高 0. 5 个百分点。分地区来看，重庆、宁夏、内蒙古、四

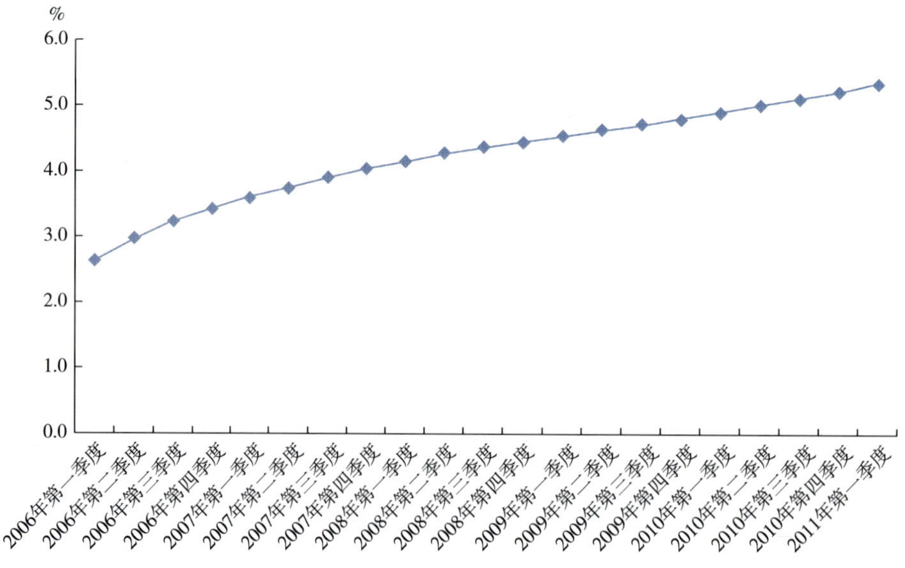

图 73　2006 年第一季度以来异地存款账户占全部单位银行结算账户比例变动示意图

川、江西、河北、河南、西藏等中西部省（市、自治区）异地存款账户占全部单位银行结算账户比例高于全国平均水平，在7.0%以上（如图74）。

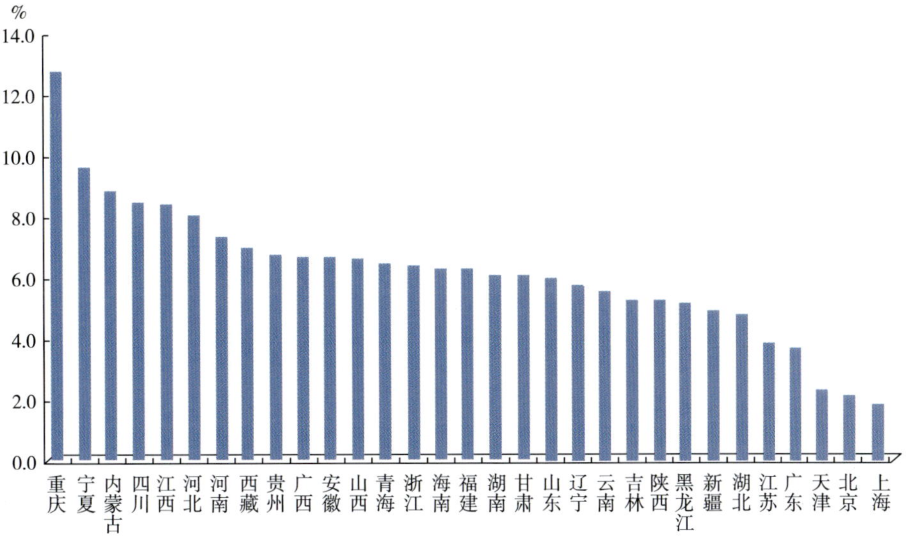

图74　2011年第一季度末各省（市、自治区）异地存款账户占全部单位银行结算账户比例示意图

（二）个人银行结算账户

个人银行结算账户数量保持高速增长态势。伴随着我国经济的持续稳定增长，银行个人金融服务范围的扩大和服务水平的提高，社会公众越来越多地通过个人银行结算账户办理日常支付业务，个人银行结算账户持续大幅增长。截至第一季度末，个人银行结算账户347 526.73万户，环比增长3.7%，同比增长20.1%，同比增幅连续七个季度稳定在17%以上（如图75、图76）。

超过六成的个人银行结算账户分布在经济大省或人口大省。个人银行结算账户数量占比前十名的省（市）是广东①、江苏、浙江、山东、河南、福建、上海、四川、北京、辽宁，十省（市）个人银行结算账户共计217 787.20万户，全国占比合计达62.7%，占比较上季度下降0.1

① 含深圳市。

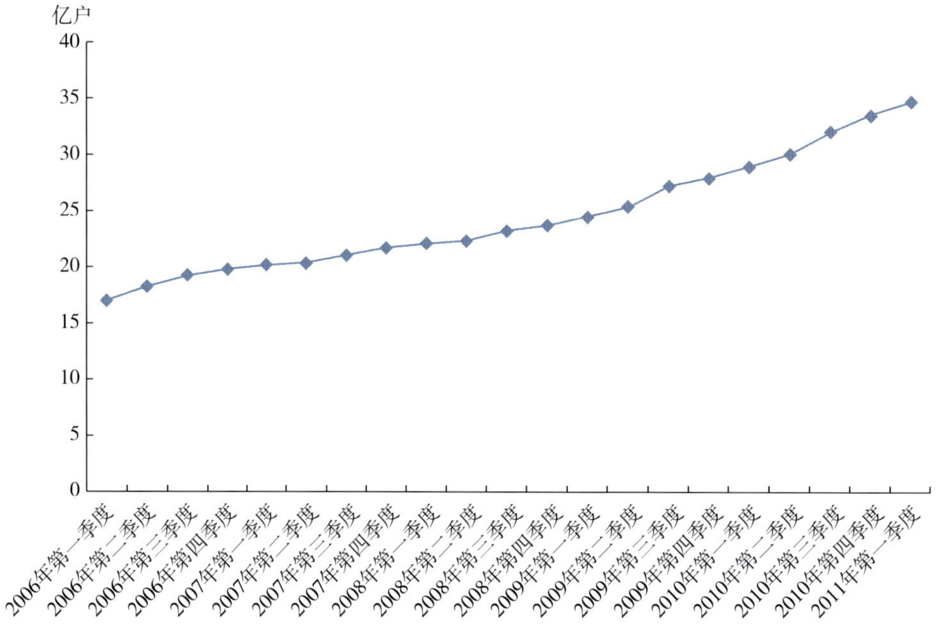

图 75　2006 年第一季度以来个人银行结算账户数量变化趋势示意图

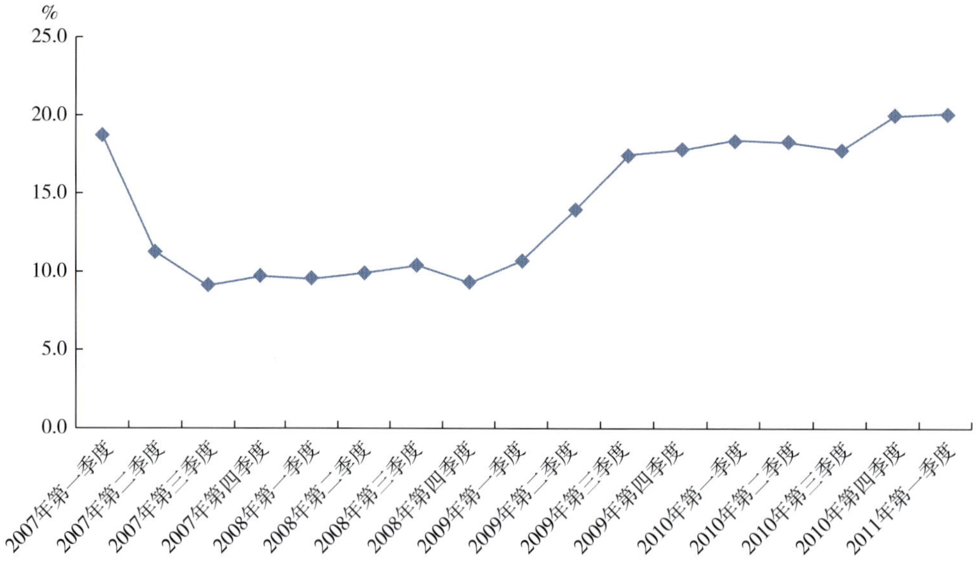

图 76　2007 年第一季度以来个人银行结算账户数量同比增长变动趋势示意图

个百分点，其中前八名省（市）占比之和超过50%。西藏、青海、宁夏、海南等四个省（自治区）的个人银行结算账户占比在1.0%以下，全国占比合计仅为1.4%（如图77）。

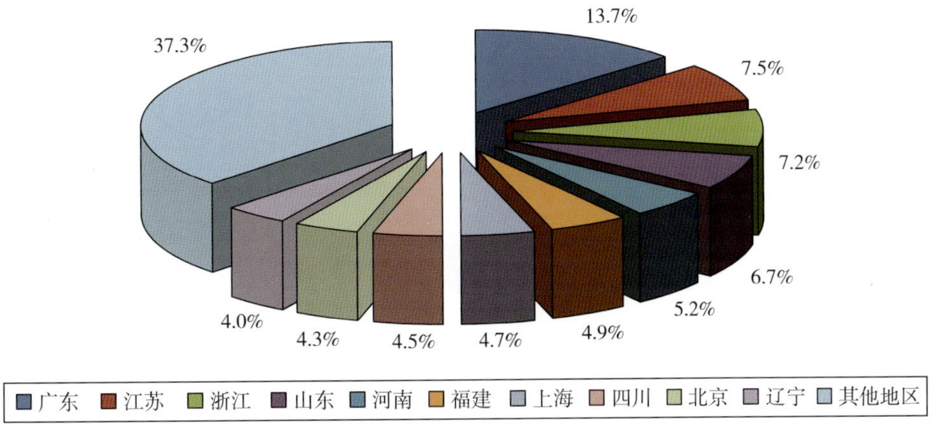

图77　2011年第一季度末个人银行结算账户地区分布示意图

北京、上海、天津、浙江、福建等经济发达地区人均个人银行结算账户拥有量较高，西藏、山西、黑龙江、内蒙古等省（自治区）人均拥有量较低。截至第一季度末，全国人均个人银行结算账户2.59户。其中，北京、上海、天津、浙江、福建五省（市）人均个人银行结算账户数远超全国人均水平，分别为7.67户、7.09户、5.12户、4.58户和4.57户；21个省（市、自治区）人均个人银行结算账户数低于全国水平，其中西藏、山西、黑龙江、内蒙古、吉林等省（自治区）人均个人银行结算账户数较低，分别为0.78户、1.24户、1.32户、1.39户和1.44户（如图78）。

各类型银行开立的个人银行结算账户占比基本保持稳定，四大国有商业银行仍是个人银行结算账户最主要的开户银行。自2006年第一季度以来，国有商业银行个人银行结算账户占比呈逐期缓慢下降趋势，其他类型银行业金融机构的占比均略微上升。总体而言，各类型银行的个人银行结算账户占比相对保持稳定（如图79）。截至第一季度末，63.4%的个人存款人在国有商业银行开立个人银行结算账户，中国邮政储蓄银

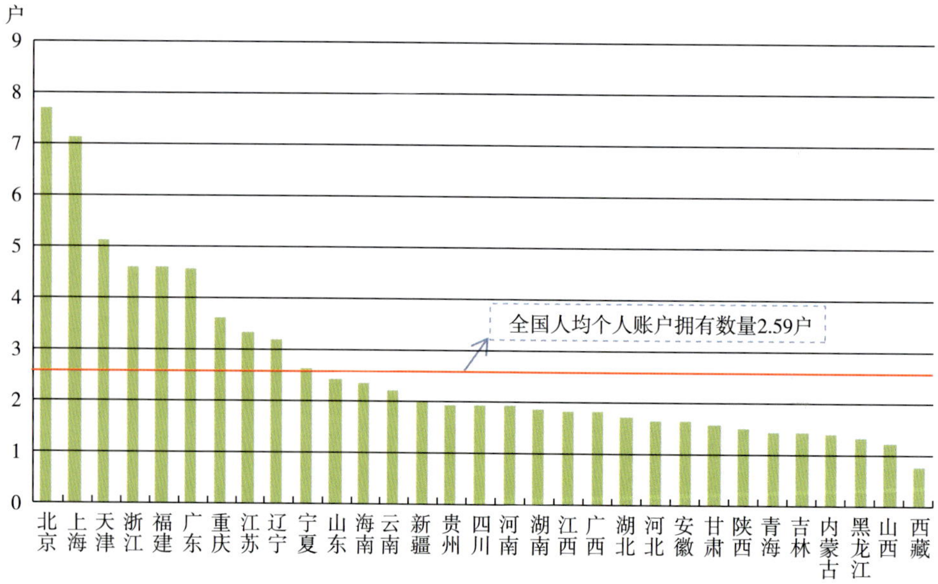

图 78　2011 年第一季度末各省（市、自治区）个人结算账户人均拥有数量示意图

行、农村信用社等金融机构以及股份制商业银行个人结算账户数量占比分别为 13.6%、13.8% 和 9.2%。

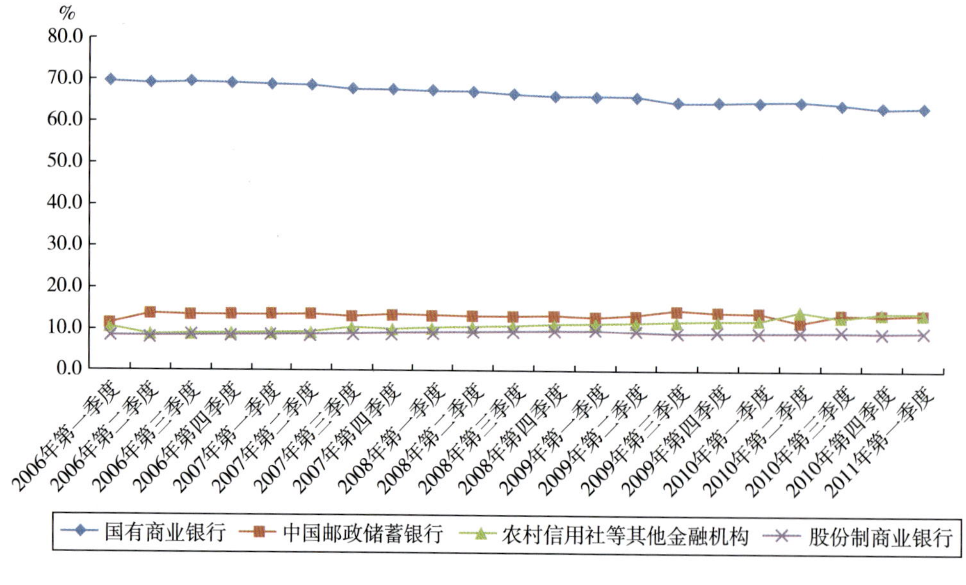

图 79　2006 年第一季度以来各类银行业金融机构个人银行结算账户数量占比示意图

第二部分

支付业务报表

一、非现金支付工具类报表

非现金支付工具结构情况季报表

单位：万笔、亿元

业务类别	项目	笔数	金额
票据	银行汇票	137.57	8 351.83
	其中：现金银行汇票	1.24	16.97
	转账银行汇票	136.33	8 334.86
	商业汇票	279.10	33 093.36
	其中：商业承兑汇票	5.82	1 755.96
	银行承兑汇票	273.28	31 337.40
	银行本票	210.35	22 388.96
	其中：现金本票	1.89	115.01
	转账本票	208.46	22 273.95
	支票	20 088.06	690 758.92
	其中：现金支票	6 527.94	52 456.82
	转账支票	13 560.12	638 302.10
	其中：单位支票	19 859.09	689 608.46
	个人支票	228.97	1 150.46
	国内信用证	1.54	2 083.48
	合计	20 716.62	756 676.55
银行卡	存现	126 259.43	134 012.54
	取现	309 561.98	149 759.56
	其中：ATM 取现	225 588.77	27 741.83
	消费	136 359.18	32 472.44
	转账	123 049.45	436 543.63
	合计	695 230.04	752 788.17
结算方式	汇兑	26 215.38	1 016 052.84
	托收承付	20.44	2 039.67
	委托收款	721.18	32 227.44
	其中：同城特约委托收款	503.31	1 957.25
	商业承兑汇票	4.35	1 591.06
	银行承兑汇票	210.20	28 474.82
	合计	26 957.00	1 050 319.95

2011 年

项目 业务类别	政策性银行		国有商业银行	
	笔数	金额	笔数	金额
银行汇票	0	28.04	114	6 479.04
其中：现金银行汇票			1	9.91
转账银行汇票	0	28.04	113	6 469.13
商业汇票	0	34.08	75	7 515.98
其中：商业承兑汇票		0.66	2	288.55
银行承兑汇票	0	33.42	73	7 227.43
银行本票	0	14.84	129	12 113.18
其中：现金本票			2	114.72
转账本票	0	14.84	127	11 998.46
支票	37	4 489.60	12 330	483 710.55
其中：现金支票	15	378.11	3 906	34 764.41
转账支票	22	4 111.49	8 423	448 946.13
其中：单位支票	37	4 489.60	12 178	483 197.98
个人支票			152	512.57
国内信用证			1	1 044.72
合计	37.06	4 566.56	12 648.34	510 863.47

季报表

第一季度　　　　　　　　　　　　　　　　　　　　　　　　　单位：万笔、亿元

股份制商业银行		中国邮政储蓄银行		其他金融机构		合计	
笔数	金额	笔数	金额	笔数	金额	笔数	金额
5	741.11			18.73	1 103.64	137.57	8 351.83
	0.01			0.12	7.05	1.24	16.97
5	741.10			18.61	1 096.59	136.33	8 334.86
109	17 304.00			95.07	8 239.30	279.10	33 093.36
3	1 225.27			0.92	241.48	5.82	1 755.96
106	16 078.73			94.15	7 997.82	273.28	31 337.40
29	4 458.21	0	4.04	52.56	5 798.69	210.35	22 388.96
	0.05			0.03	0.24	1.89	115.01
29	4 458.16	0	4.04	52.54	5 798.45	208.46	22 273.95
1 760	88 734.95	99	3 308.90	5 863.33	110 514.92	20 088.06	690 758.92
460	2 398.36	37	251.25	2 110.20	14 664.69	6 527.94	52 456.82
1 300	86 336.59	62	3 057.65	3 753.12	95 850.24	13 560.12	638 302.10
1 740	88 564.10	99	3 308.90	5 806.07	110 047.88	19 859.09	689 608.46
20	170.84			57.26	467.05	228.97	1 150.46
1	998.28			0.02	40.48	1.54	2 083.48
1 902.86	112 236.55	98.65	3 312.94	6 029.71	125 697.03	20 716.62	756 676.55

2011 年

项目 行别	银行卡数量								
	当期发卡数量				期末卡数量				
	贷记卡	准贷记卡	借记卡	小计	贷记卡	准贷记卡	借记卡	小计	睡眠卡
政策性银行									
国有商业银行	680.97	309.28	7 186.01	8 176.26	12 099.94	2 449.48	119 025.93	133 575.35	21 141.20
股份制商业银行	608.78	1.00	1 160.82	1 770.60	8 339.86	187.98	31 321.25	39 849.09	12 431.16
城市商业银行	53.60	0.91	599.61	654.12	984.94	5.05	12 325.66	13 315.65	2 538.48
农村商业银行	6.19		631.23	637.42	58.75		10 121.92	10 180.67	1 468.54
城市信用社			0.25	0.25			2.90	2.90	
农村信用社	0.87		1 455.85	1 456.72	4.93		14 843.28	14 848.21	575.90
外资银行	0.16		7.82	7.98	5.29		78.27	83.56	4.71
中国邮政储蓄银行	17.05		2 313.52	2 330.57	88.38		43 348.53	43 436.91	2 751.50
合计	1 367.62	311.19	13 355.11	15 033.92	21 582.09	2 642.51	231 067.74	255 292.34	40 911.49

注：本报表中空格部分表示该项数据小于0.005且大于0，下同。

情况季报表

第一季度　　　　单位：万张、万笔、亿元、万台

资金交易情况										ATM数量
存现		取现		消费		转账		小计		
笔数	金额	笔数	金额	笔数	金额	笔数	金额	笔数	金额	
85 553. 29	88 553. 85	201 678. 22	95 145. 73	77 064. 08	20 626. 65	85 974. 14	259 176. 95	450 269. 73	463 503. 18	16. 51
13 536. 85	12 189. 76	24 856. 12	13 451. 25	43 490. 61	6 215. 23	22 404. 95	136 924. 16	104 288. 53	168 780. 40	4. 43
4 950. 03	6 787. 88	12 213. 28	8 068. 38	6 699. 44	1 350. 18	4 555. 60	11 023. 88	28 418. 35	27 230. 32	1. 35
4 391. 31	7 630. 58	13 176. 43	9 454. 15	2 415. 51	1 769. 32	5 047. 97	11 879. 12	25 031. 22	30 733. 17	1. 79
0. 83	2. 21	1. 25	3. 18	0. 20	0. 19	3. 08	8. 98	5. 36	14. 56	
7 611. 86	10 622. 91	16 198. 95	12 063. 04	1 888. 26	1 309. 75	2 994. 32	13 772. 24	28 693. 39	37 767. 94	1. 84
14. 32	20. 25	111. 92	28. 20	55. 88	15. 75	1. 86	20. 65	183. 98	84. 85	0. 09
10 200. 94	8 205. 10	41 325. 81	11 545. 63	4 745. 20	1 185. 37	2 067. 53	3 737. 65	58 339. 48	24 673. 75	2. 67
126 259. 43	134 012. 54	309 561. 98	149 759. 56	136 359. 18	32 472. 44	123 049. 45	436 543. 63	695 230. 04	752 788. 17	28. 68

二、支付系统类报表

大额实时支付系统地区间

2011 年

资金流入 资金流出	北京市		天津市	
	笔数	金额	笔数	金额
北京市	222.29	521 511.83	10.94	16 366.30
天津市	11.40	16 573.95	68.44	19 054.84
河北省	20.02	12 384.03	9.43	1 200.33
山西省	5.91	9 039.89	1.48	236.58
内蒙古自治区	6.82	7 211.25	1.20	115.32
辽宁省	12.11	19 959.66	3.55	1 038.08
吉林省	4.84	9 037.26	1.02	448.50
黑龙江省	6.05	7 970.77	1.06	241.65
上海市	33.73	130 217.21	7.07	4 941.19
江苏省	15.39	37 486.45	4.30	833.50
浙江省	14.75	27 608.24	3.53	872.94
安徽省	4.91	9 358.24	0.97	232.49
福建省	5.17	21 468.73	1.16	861.64
江西省	3.14	8 705.07	0.47	58.27
山东省	17.94	23 102.50	6.09	831.19
河南省	7.16	12 710.73	1.68	2 039.76
湖北省	6.04	11 787.57	1.05	273.20
湖南省	3.87	10 399.21	0.62	100.79
广东省	13.90	37 131.56	2.87	957.67
海南省	1.24	2 077.68	0.17	44.21
广西壮族自治区	2.25	6 112.11	0.27	31.14
重庆市	3.20	9 736.79	0.48	188.60
四川省	6.33	12 723.32	0.92	658.75
贵州省	1.42	3 194.29	0.17	110.85
云南省	2.63	6 981.17	0.37	160.18
西藏自治区	0.16	626.27	0.01	0.97
陕西省	4.84	6 620.06	0.94	162.95
甘肃省	2.01	6 895.55	0.34	64.35
青海省	0.50	973.69	0.08	16.61
宁夏回族自治区	1.39	2 212.15	0.29	28.94
新疆维吾尔自治区	2.45	5 197.41	0.40	77.20
深圳市	15.35	60 237.08	2.16	1 775.93
合计	459.21	1 057 251.72	133.53	54 024.92

资金流量流向情况季报表

第一季度　　　　单位：万笔、亿元

河北省		山西省		内蒙古自治区	
笔数	金额	笔数	金额	笔数	金额
18.00	11 366.57	4.11	8 650.19	3.67	6 568.77
8.93	1 276.64	1.08	300.01	0.82	147.73
174.41	23 947.57	2.69	646.37	1.83	233.57
3.70	496.28	99.20	16 402.33	0.92	265.95
2.58	175.23	0.93	239.04	72.20	14 770.53
5.68	711.30	0.77	340.21	1.83	458.67
2.13	101.47	0.23	98.37	0.57	141.77
1.78	269.78	0.24	38.45	0.76	49.43
6.83	1 444.72	4.68	1 099.51	3.15	730.62
7.12	575.87	2.37	403.12	1.12	159.86
6.72	986.93	1.89	740.60	1.19	245.11
1.96	94.36	0.66	60.03	0.44	49.73
1.81	1 449.14	0.65	607.08	0.36	607.56
1.05	103.14	0.36	301.56	0.19	38.04
12.10	1 132.17	2.63	587.20	1.49	195.64
4.62	1 320.91	2.24	711.47	0.63	357.98
2.19	149.73	0.72	195.29	0.33	82.37
1.35	170.61	0.45	196.20	0.25	74.28
4.43	613.86	1.29	385.01	0.88	161.82
0.22	31.23	0.10	35.63	0.05	20.62
0.58	39.88	0.17	45.07	0.10	14.47
1.02	72.52	0.32	57.81	0.14	56.33
1.78	166.01	0.69	196.83	0.38	91.77
0.42	35.47	0.12	58.45	0.08	6.45
0.81	708.46	0.19	84.54	0.09	32.39
0.03	1.85	0.01	0.40	0.01	0.25
1.94	164.29	1.49	171.40	1.30	199.45
0.79	94.89	0.27	87.62	0.34	42.98
0.18	40.56	0.05	12.08	0.06	6.35
0.56	25.27	0.20	22.12	1.03	100.61
0.92	80.97	0.19	86.46	0.15	34.72
3.12	767.91	1.12	567.13	0.72	329.96
279.76	48 615.59	132.11	33 427.58	97.08	26 275.78

2011 年

资金流入 资金流出	辽宁省		吉林省	
	笔数	金额	笔数	金额
北京市	8.36	19 814.47	3.12	8 768.18
天津市	2.39	1 029.71	0.60	307.28
河北省	3.33	687.49	0.92	121.51
山西省	0.90	388.41	0.29	149.88
内蒙古自治区	2.21	429.02	0.66	213.77
辽宁省	137.39	35 565.76	4.15	1 801.77
吉林省	6.77	1 589.97	71.25	17 517.84
黑龙江省	4.83	996.14	1.98	596.18
上海市	10.25	4 329.28	3.10	1 833.39
江苏省	4.64	2 958.76	1.38	943.21
浙江省	5.25	1 271.06	1.77	543.65
安徽省	1.09	102.85	0.50	70.85
福建省	1.34	1 810.28	0.48	887.57
江西省	0.56	141.64	0.34	139.66
山东省	5.21	1 411.56	1.69	917.72
河南省	1.54	1 623.79	0.54	857.16
湖北省	1.09	194.87	0.42	270.02
湖南省	0.71	286.91	0.33	188.70
广东省	3.94	1 491.91	1.30	623.68
海南省	0.22	232.66	0.10	82.08
广西壮族自治区	0.47	133.15	0.20	55.78
重庆市	0.64	1 782.17	0.25	236.73
四川省	1.19	1 813.96	0.50	205.89
贵州省	0.20	10.63	0.13	50.89
云南省	0.44	308.14	0.23	63.63
西藏自治区	0.01	9.27	0.01	1.47
陕西省	1.11	443.72	0.30	141.82
甘肃省	0.36	115.97	0.13	49.99
青海省	0.07	9.10	0.02	0.76
宁夏回族自治区	0.22	17.70	0.07	25.90
新疆维吾尔自治区	0.39	164.86	0.14	133.75
深圳市	3.75	1 288.73	1.28	823.00
合计	210.87	82 453.94	98.18	38 623.71

资金流量流向情况季报表

第一季度　　　　单位：万笔、亿元

黑龙江省		上海市		江苏省	
笔数	金额	笔数	金额	笔数	金额
3.55	8 062.32	33.31	120 678.50	15.03	36 565.82
0.60	257.55	7.87	4 632.87	5.40	827.29
0.90	243.01	6.22	1 348.34	6.14	486.11
0.29	54.11	2.87	1 123.11	2.73	304.39
1.05	75.91	2.04	634.21	1.82	156.60
3.52	1 039.06	10.65	3 914.51	6.98	2 875.27
2.23	710.98	3.29	1 857.36	2.32	796.70
65.43	12 431.88	3.66	976.99	2.24	180.99
3.53	978.01	183.70	172 367.97	80.13	13 740.10
1.23	169.96	86.79	13 457.14	378.77	78 069.32
1.62	448.30	66.39	9 532.46	56.73	3 996.50
0.55	52.17	12.19	2 431.73	20.25	949.71
0.39	833.71	11.26	10 592.91	8.71	3 720.47
0.23	20.22	5.45	933.72	4.75	406.20
1.86	324.95	18.77	4 611.51	22.44	1 981.19
0.51	309.81	6.74	6 048.99	8.35	5 142.54
0.39	427.12	8.62	2 157.24	7.90	524.62
0.25	113.42	4.87	1 615.56	4.64	1 415.56
1.23	185.14	23.99	9 016.35	17.62	1 668.22
0.20	33.96	1.25	545.27	0.64	50.48
0.20	36.05	2.45	739.32	1.84	156.03
0.25	219.84	4.71	1 888.51	3.36	381.99
0.52	111.86	7.92	1 675.47	5.26	653.50
0.12	7.69	1.59	484.93	1.17	80.57
0.21	145.32	2.94	1 204.03	2.19	120.42
0.01	0.23	0.07	7.83	0.05	2.78
0.30	35.73	4.33	1 427.84	3.71	230.44
0.14	114.53	1.50	799.10	1.36	191.78
0.04	1.12	0.31	49.30	0.36	37.26
0.07	7.47	0.87	150.37	0.78	124.27
0.16	34.95	1.98	550.36	1.62	173.18
1.46	321.94	19.90	16 644.11	12.03	3 162.46
93.04	27 808.32	548.50	394 097.91	687.32	159 172.76

2011 年

资金流入 / 资金流出	浙江省		安徽省	
	笔数	金额	笔数	金额
北京市	11.37	26 449.73	3.17	9 052.21
天津市	3.65	727.63	0.67	207.44
河北省	4.93	886.90	1.21	78.46
山西省	1.92	641.24	0.66	50.35
内蒙古自治区	1.33	144.04	0.49	42.16
辽宁省	6.61	1 124.68	1.08	64.78
吉林省	2.83	580.08	0.44	73.08
黑龙江省	2.75	515.28	0.50	24.35
上海市	49.25	9 509.32	7.77	2 440.96
江苏省	49.43	3 812.69	13.72	993.34
浙江省	533.16	71 812.12	9.86	740.08
安徽省	11.43	671.47	176.75	20 537.64
福建省	11.56	2 443.81	1.72	786.78
江西省	7.85	663.49	1.62	140.27
山东省	15.93	1 714.54	3.31	249.79
河南省	8.56	4 699.28	1.89	453.60
湖北省	6.90	2 468.00	1.85	128.44
湖南省	5.35	1 593.70	1.08	176.64
广东省	21.12	1 992.90	3.62	391.49
海南省	0.72	86.14	0.21	22.35
广西壮族自治区	2.03	185.39	0.46	20.17
重庆市	3.46	508.40	0.60	44.04
四川省	5.06	903.66	1.13	158.32
贵州省	1.46	78.40	0.29	24.01
云南省	2.87	218.78	0.50	50.93
西藏自治区	0.06	7.35	0.03	1.15
陕西省	3.15	249.35	0.70	67.50
甘肃省	1.51	118.11	0.33	18.60
青海省	0.32	27.37	0.08	6.27
宁夏回族自治区	0.61	54.39	0.15	4.34
新疆维吾尔自治区	1.88	255.82	0.40	19.47
深圳市	12.61	2 274.63	3.50	653.40
合计	791.67	137 418.69	239.79	37 722.41

资金流量流向情况季报表

第一季度 单位：万笔、亿元

福建省		江西省		山东省	
笔数	金额	笔数	金额	笔数	金额
6.29	21 954.27	2.24	8 531.27	13.59	22 114.29
1.21	796.02	0.30	54.15	4.71	928.80
1.41	1 322.27	0.55	46.55	9.27	992.26
0.79	553.43	0.28	319.77	2.85	459.09
0.46	622.63	0.18	42.18	2.25	232.58
1.80	1 699.67	0.55	146.89	6.32	1 354.86
0.73	778.32	0.20	111.51	2.29	769.16
0.72	781.37	0.24	25.76	2.42	261.33
11.70	11 046.90	3.55	1 052.05	15.71	5 158.65
6.88	3 520.20	3.11	272.30	21.74	2 082.52
10.83	2 593.74	6.59	672.82	15.13	1 922.49
2.08	957.32	1.36	123.25	4.78	302.14
335.02	31 486.37	3.11	571.81	3.59	1 884.87
3.53	552.73	84.54	11 876.05	1.99	333.67
3.71	1 689.99	1.26	348.74	368.26	52 308.61
1.97	3 350.02	0.90	563.02	7.19	3 477.33
2.18	1 713.66	1.48	158.05	3.27	522.88
1.72	2 005.12	1.71	308.56	2.02	505.13
13.59	2 674.22	7.25	959.03	7.79	1 213.02
0.43	33.91	0.21	51.60	0.37	99.96
1.51	320.61	0.59	121.20	1.14	153.73
1.12	1 077.82	0.45	71.97	1.46	740.65
1.68	1 302.20	0.91	148.16	2.75	572.31
0.62	42.43	0.26	82.12	0.62	57.18
1.14	603.49	0.42	72.99	1.18	247.28
0.01	0.63	0.01	0.37	0.04	2.36
1.05	793.28	0.36	89.20	2.45	352.86
0.42	88.86	0.15	73.28	1.11	834.83
0.07	8.46	0.03	8.69	0.23	69.19
0.19	49.40	0.06	13.93	0.63	128.71
0.45	319.13	0.17	33.72	1.29	120.44
9.93	4 686.22	6.50	573.12	5.87	1 510.01
425.24	99 424.69	129.52	27 524.11	514.31	101 713.19

2011 年

资金流入 / 资金流出	河南省		湖北省	
	笔数	金额	笔数	金额
北京市	5.98	11 961.69	4.91	11 313.99
天津市	1.33	2 408.08	0.81	201.16
河北省	3.36	1 197.89	1.62	152.25
山西省	2.78	657.96	0.99	190.40
内蒙古自治区	0.83	227.15	0.54	72.26
辽宁省	1.91	2 491.97	1.32	155.67
吉林省	0.72	1 354.19	0.59	159.49
黑龙江省	0.76	809.24	0.70	435.31
上海市	4.99	6 129.61	5.78	2 059.23
江苏省	7.17	4 177.10	5.26	533.31
浙江省	6.32	2 768.01	5.89	2 675.95
安徽省	2.79	512.05	2.33	190.28
福建省	2.13	3 571.28	2.05	1 797.90
江西省	1.41	501.58	2.66	185.98
山东省	5.86	2 810.55	3.06	594.96
河南省	167.14	35 570.57	3.63	1 512.16
湖北省	3.72	1 523.16	128.73	20 960.31
湖南省	1.55	1 093.02	3.53	318.27
广东省	5.97	3 616.01	7.72	911.76
海南省	0.26	36.55	0.33	140.49
广西壮族自治区	0.79	449.18	0.99	227.33
重庆市	1.14	3 899.10	1.67	282.82
四川省	2.00	1 762.86	2.07	303.71
贵州省	0.51	151.65	0.69	109.22
云南省	0.75	182.72	0.96	80.00
西藏自治区	0.03	1.80	0.05	2.82
陕西省	2.29	1 446.69	1.34	117.18
甘肃省	0.71	292.83	0.49	335.77
青海省	0.21	24.35	0.14	14.80
宁夏回族自治区	0.34	46.42	0.23	46.80
新疆维吾尔自治区	0.79	188.24	0.52	46.03
深圳市	5.52	2 903.71	6.84	891.80
合计	242.06	94 767.21	198.44	47 019.41

资金流量流向情况季报表

第一季度 单位：万笔、亿元

湖南省		广东省		海南省	
笔数	金额	笔数	金额	笔数	金额
3.28	10 323.61	15.13	37 634.63	1.57	2 338.04
0.46	178.29	3.29	906.57	0.19	71.70
0.87	176.69	3.84	515.06	0.31	39.37
0.47	178.75	1.85	374.89	0.26	55.82
0.40	61.31	1.39	163.04	0.13	28.66
0.78	575.24	5.94	1 415.95	0.36	130.80
0.29	358.27	3.11	460.47	0.19	76.84
0.33	191.30	2.91	217.50	0.43	32.60
3.30	1 680.92	23.77	9 552.59	1.73	438.00
2.93	832.11	16.19	1 726.02	0.64	59.34
3.76	779.88	22.68	1 897.79	0.98	96.57
1.06	165.44	5.05	278.00	0.31	16.76
1.60	2 246.74	14.34	2 736.28	0.42	35.36
2.62	323.26	7.44	863.73	0.30	57.07
1.65	586.03	9.93	1 155.40	0.60	116.56
1.18	1 146.78	5.90	3 343.31	0.36	62.83
2.68	257.50	7.83	889.07	0.37	127.38
134.75	17 225.04	8.83	1 118.36	0.30	36.73
10.69	1 066.47	598.88	65 673.79	2.19	192.13
0.34	40.05	3.42	238.97	29.21	3 273.17
1.46	249.98	8.56	488.48	0.25	36.24
0.86	393.84	4.05	501.39	0.28	25.19
1.30	269.06	6.65	991.58	0.40	22.75
1.06	101.62	2.31	304.77	0.12	7.77
0.92	82.72	4.48	464.98	0.16	7.16
0.02	0.97	0.05	1.59	0.01	1.54
0.67	404.54	2.84	127.53	0.18	43.03
0.27	105.73	1.31	161.30	0.12	51.62
0.08	10.93	0.22	24.64	0.01	0.37
0.12	10.35	0.65	38.33	0.03	1.69
0.33	57.08	1.47	77.66	0.09	5.24
8.30	1 585.30	88.76	8 851.99	1.45	212.28
188.83	41 665.80	883.07	143 195.66	43.95	7 700.61

2011 年

资金流入 / 资金流出	广西壮族自治区		重庆市	
	笔数	金额	笔数	金额
北京市	1.93	6 007.45	2.57	9 888.67
天津市	0.21	45.98	0.42	208.30
河北省	0.37	31.13	0.69	113.87
山西省	0.18	47.15	0.37	58.57
内蒙古自治区	0.11	19.69	0.26	91.81
辽宁省	0.34	90.58	0.68	1 625.87
吉林省	0.18	24.55	0.26	297.40
黑龙江省	0.21	26.64	0.33	176.93
上海市	2.98	842.92	3.41	1 911.87
江苏省	1.24	245.54	2.35	417.25
浙江省	1.82	279.03	2.82	767.40
安徽省	0.45	18.90	0.65	38.10
福建省	1.10	395.35	0.98	1 130.03
江西省	0.61	138.48	0.54	100.93
山东省	0.82	119.95	1.43	820.78
河南省	0.57	326.03	1.03	3 077.54
湖北省	0.65	208.51	1.33	226.53
湖南省	1.13	179.47	0.86	409.40
广东省	9.53	559.49	3.25	557.00
海南省	0.34	43.16	0.17	24.63
广西壮族自治区	72.92	10 440.28	0.56	105.34
重庆市	0.41	117.17	74.44	15 909.06
四川省	0.79	102.73	8.24	1 000.51
贵州省	0.68	46.64	1.67	246.08
云南省	0.81	68.03	1.17	100.20
西藏自治区	0.01	0.81	0.06	6.31
陕西省	0.26	34.00	0.69	135.62
甘肃省	0.12	18.55	0.24	80.11
青海省	0.02	5.10	0.06	8.65
宁夏回族自治区	0.04	9.71	0.10	32.77
新疆维吾尔自治区	0.12	12.28	0.33	49.46
深圳市	4.45	472.11	3.20	830.11
合计	105.40	20 977.41	115.16	40 447.10

资金流量流向情况季报表

第一季度 单位：万笔、亿元

四川省		贵州省		云南省	
笔数	金额	笔数	金额	笔数	金额
5. 65	12 785. 73	1. 43	3 014. 41	1. 89	6 559. 98
0. 71	652. 88	0. 11	76. 01	0. 20	179. 41
1. 17	153. 35	0. 19	28. 86	0. 39	712. 55
0. 64	187. 87	0. 13	56. 31	0. 23	81. 99
0. 48	86. 22	0. 07	10. 02	0. 12	29. 88
1. 16	1 874. 57	0. 21	12. 15	0. 33	268. 53
0. 54	249. 75	0. 09	50. 12	0. 16	75. 23
0. 59	95. 41	0. 09	7. 67	0. 19	145. 53
6. 99	1 451. 06	1. 38	416. 44	1. 85	1 191. 00
3. 78	715. 31	0. 96	99. 46	1. 21	151. 24
5. 78	924. 09	1. 15	83. 53	1. 45	227. 31
1. 26	155. 23	0. 23	18. 85	0. 41	49. 30
1. 42	1 333. 58	0. 51	71. 50	0. 80	596. 97
1. 10	184. 26	0. 26	110. 97	0. 39	95. 13
2. 23	524. 75	0. 43	70. 79	0. 76	238. 48
1. 87	1 605. 04	0. 28	110. 37	0. 44	263. 25
2. 03	269. 07	0. 39	98. 76	0. 61	76. 19
1. 34	304. 23	0. 61	77. 26	0. 59	106. 69
6. 29	910. 43	1. 97	342. 02	2. 51	471. 58
0. 29	22. 74	0. 07	6. 79	0. 12	12. 75
0. 92	99. 29	0. 66	55. 76	0. 72	83. 15
8. 68	975. 56	0. 98	217. 95	0. 78	83. 35
186. 05	29 216. 61	1. 12	143. 36	2. 39	339. 38
2. 15	164. 94	51. 74	6 618. 95	1. 28	79. 48
3. 30	320. 93	0. 82	88. 30	79. 64	15 777. 82
0. 40	30. 90	0. 01	0. 35	0. 01	1. 63
1. 78	314. 49	0. 19	16. 51	0. 32	37. 42
0. 93	222. 83	0. 06	111. 95	0. 14	137. 78
0. 24	50. 89	0. 01	2. 16	0. 03	2. 58
0. 29	35. 94	0. 03	1. 78	0. 06	9. 88
1. 00	667. 72	0. 06	10. 37	0. 11	41. 13
7. 21	908. 45	1. 41	411. 74	1. 77	657. 57
258. 27	57 494. 12	67. 65	12 441. 47	101. 90	28 784. 16

2011 年

资金流入 资金流出	西藏自治区		陕西省	
	笔数	金额	笔数	金额
北京市	0.15	595.93	4.15	6 494.44
天津市	0.01	10.99	0.62	261.02
河北省	0.03	1.09	1.16	160.88
山西省	0.01	0.27	1.77	248.76
内蒙古自治区	0.01	0.08	1.58	195.69
辽宁省	0.02	0.85	0.85	416.74
吉林省	0.02	0.47	0.28	115.12
黑龙江省	0.01	0.17	0.33	30.62
上海市	0.07	6.36	5.43	1 340.99
江苏省	0.05	1.45	2.57	314.30
浙江省	0.09	4.25	2.52	503.35
安徽省	0.03	1.26	0.81	51.53
福建省	0.03	12.56	0.78	795.47
江西省	0.02	0.80	0.44	104.53
山东省	0.04	1.13	2.19	341.45
河南省	0.03	2.08	1.96	1 206.31
湖北省	0.04	2.48	1.17	152.73
湖南省	0.03	0.96	0.60	213.90
广东省	0.10	3.42	2.00	152.02
海南省	0.01	0.81	0.11	49.80
广西壮族自治区	0.01	0.81	0.28	57.67
重庆市	0.05	3.85	0.63	85.10
四川省	0.27	37.00	1.67	369.45
贵州省	0.01	0.26	0.26	32.41
云南省	0.02	0.54	0.39	57.37
西藏自治区	2.23	562.01	0.05	5.66
陕西省	0.03	2.16	94.52	15 185.13
甘肃省	0.07	1.92	2.26	199.03
青海省	0.04	6.70	0.40	41.18
宁夏回族自治区	0.01	0.07	1.45	145.79
新疆维吾尔自治区	0.02	0.78	0.91	89.66
深圳市	0.06	30.96	2.85	467.43
合计	3.62	1 294.47	136.99	29 885.53

资金流量流向情况季报表

第一季度　　　　　　　　　　　　　　　　　　　　　　　　　　　　单位：万笔、亿元

甘肃省		青海省		宁夏回族自治区	
笔数	金额	笔数	金额	笔数	金额
1.43	6 876.37	0.43	985.57	0.76	2 307.49
0.17	76.56	0.05	16.09	0.14	13.93
0.34	88.00	0.10	34.08	0.24	24.71
0.19	72.52	0.06	19.70	0.18	22.56
0.33	31.87	0.06	10.35	0.89	79.13
0.23	110.36	0.06	8.68	0.15	9.68
0.07	36.91	0.01	0.78	0.04	39.00
0.09	124.93	0.02	4.31	0.03	9.38
1.56	848.14	0.30	60.20	0.37	134.82
0.76	161.48	0.27	58.49	0.43	123.14
0.79	118.59	0.27	35.35	0.49	73.76
0.36	17.66	0.07	10.08	0.13	11.27
0.24	55.09	0.09	8.20	0.14	51.72
0.13	88.67	0.05	10.68	0.05	23.36
0.63	830.73	0.18	64.75	0.38	120.65
0.49	303.95	0.15	29.87	0.22	31.81
0.29	317.61	0.09	23.67	0.13	52.73
0.17	105.04	0.06	17.09	0.08	10.29
0.77	178.44	0.19	31.44	0.31	39.36
0.05	54.33	0.01	0.84	0.01	0.82
0.10	12.07	0.03	6.28	0.03	8.44
0.19	119.78	0.06	13.54	0.07	25.32
0.64	255.17	0.22	49.66	0.19	26.34
0.06	114.82	0.01	1.20	0.02	0.60
0.11	125.20	0.03	6.01	0.04	4.99
0.08	5.45	0.06	4.42	0.01	1.71
1.50	157.10	0.27	30.57	0.76	110.59
34.54	11 660.46	0.55	65.27	0.60	47.98
1.00	83.61	6.74	1 661.07	0.08	5.15
0.97	57.32	0.08	4.23	30.16	2 557.32
0.62	68.47	0.06	4.27	0.10	13.59
0.79	363.73	0.23	20.48	0.47	50.78
49.69	23 520.43	10.86	3 297.22	37.70	6 032.42

2011 年

资金流入 / 资金流出	新疆维吾尔自治区	
	笔数	金额
北京市	1.31	5 177.67
天津市	0.18	67.44
河北省	0.37	85.78
山西省	0.13	64.97
内蒙古自治区	0.11	17.75
辽宁省	0.18	60.31
吉林省	0.06	61.42
黑龙江省	0.12	53.28
上海市	1.64	494.15
江苏省	0.90	235.11
浙江省	1.22	270.42
安徽省	0.24	19.33
福建省	0.30	384.69
江西省	0.11	29.23
山东省	0.84	151.55
河南省	0.58	181.39
湖北省	0.31	38.47
湖南省	0.19	40.01
广东省	0.65	70.33
海南省	0.04	2.66
广西壮族自治区	0.07	30.52
重庆市	0.19	49.54
四川省	0.64	691.95
贵州省	0.04	4.67
云南省	0.07	35.28
西藏自治区	0.01	0.84
陕西省	0.46	88.95
甘肃省	0.45	66.62
青海省	0.05	9.34
宁夏回族自治区	0.10	18.29
新疆维吾尔自治区	37.43	8 382.26
深圳市	1.06	287.60
合计	50.05	17 171.82

资金流量流向情况季报表

第一季度　　　　　　　　　　　　　　　　　　单位：万笔、亿元

深圳市		合计	
笔数	金额	笔数	金额
14.10	62 284.56	425.71	1 043 004.95
2.22	1 829.16	129.19	54 325.48
2.45	762.37	260.76	48 902.70
1.24	535.37	136.27	33 338.67
0.87	246.85	104.40	26 476.23
3.43	1 469.10	220.94	82 812.22
1.45	751.19	109.20	38 723.57
1.73	338.32	103.53	28 059.49
15.94	14 445.87	505.64	403 894.05
9.74	3 255.30	654.44	158 844.19
11.00	2 325.15	804.44	137 817.47
3.13	581.48	259.23	38 129.50
6.05	4 786.28	419.31	100 021.73
4.57	713.13	138.77	27 945.52
5.96	1 550.46	519.68	101 506.27
3.61	2 569.21	243.96	95 008.89
4.68	895.43	199.48	47 172.66
4.86	1 600.94	188.70	42 007.09
62.13	9 173.62	839.97	143 415.19
1.32	290.55	42.23	7 686.89
2.86	416.85	105.47	20 931.77
2.37	837.33	118.31	40 604.06
4.30	799.29	255.96	57 763.42
1.16	401.63	72.44	12 711.07
1.75	624.77	111.63	29 028.77
0.03	5.39	3.64	1 297.38
2.13	520.72	138.20	29 922.12
0.98	423.56	54.60	23 573.75
0.17	28.40	11.90	3 246.73
0.58	50.43	42.36	6 032.69
0.86	335.69	57.41	17 332.37
165.99	48 272.30	399.66	162 833.97
343.66	163 120.70	7 677.43	3 064 370.86

2011 年

资金流入 资金流出	政策性银行		国有商业银行	
	笔数	金额	笔数	金额
政策性银行	0.46	15 021.52	21.97	12 374.56
国有商业银行	16.72	13 629.54	2 153.52	654 272.82
股份制商业银行	3.21	13 024.87	955.65	155 271.52
城市商业银行	2.13	14 671.42	544.39	66 294.86
农村商业银行	0.35	1 519.76	80.37	8 701.81
城市信用社	0.01	1.27	1.39	83.18
农村信用社	3.22	3 228.15	462.47	50 748.30
外资银行	0.26	2 847.59	84.65	17 825.14
中国邮政储蓄银行	0.30	3 698.21	45.71	11 999.09
其他	1.22	11 947.87	76.59	159 031.04
合计	27.88	79 590.20	4 426.71	1 136 602.32

资金流量流向情况季报表

第一季度　　　　单位：万笔、亿元

股份制商业银行		城市商业银行	
笔数	金额	笔数	金额
2. 51	11 783. 10	2. 33	14 521. 68
811. 91	160 961. 91	360. 96	69 790. 77
331. 84	452 710. 71	123. 47	64 629. 22
148. 68	62 494. 24	53. 10	54 346. 33
17. 72	8 272. 27	7. 27	5 284. 46
0. 11	5. 44	0. 07	8. 92
82. 67	60 454. 94	50. 91	21 110. 89
28. 49	19 505. 86	8. 61	3 853. 36
7. 35	7 950. 47	4. 10	5 815. 54
15. 15	94 498. 16	13. 85	38 823. 18
1 446. 43	878 637. 10	624. 67	278 184. 35

2011 年

资金流入 / 资金流出	农村商业银行		城市信用社	
	笔数	金额	笔数	金额
政策性银行	0. 32	1 451. 10	0. 01	4. 32
国有商业银行	56. 73	8 833. 02	0. 80	69. 51
股份制商业银行	19. 43	8 619. 81	0. 06	6. 23
城市商业银行	9. 52	5 530. 71	0. 05	7. 40
农村商业银行	3. 04	980. 14		0. 10
城市信用社		0. 03		
农村信用社	7. 89	3 061. 18	0. 10	5. 46
外资银行	2. 00	151. 91		0. 05
中国邮政储蓄银行	0. 64	240. 86	0. 01	3. 03
其他	1. 23	6 111. 09	0. 19	49. 85
合计	100. 80	34 979. 85	1. 22	145. 95

资金流量流向情况季报表

第一季度　　　　单位：万笔、亿元

农村信用社		外资银行	
笔数	金额	笔数	金额
6. 19	4 051. 32	0. 21	3 093. 02
464. 58	43 157. 29	49. 27	17 685. 39
102. 83	66 284. 36	22. 23	19 599. 26
76. 27	21 945. 86	9. 45	3 667. 76
15. 22	3 495. 57	1. 39	99. 33
0. 20	8. 27		0. 06
28. 40	19 896. 47	3. 98	256. 84
5. 32	398. 42	10. 12	46 878. 78
6. 73	1 760. 26	0. 24	558. 94
16. 45	25 433. 17	9. 02	14 259. 95
722. 19	186 430. 99	105. 91	106 099. 33

2011 年

资金流入 / 资金流出	中国邮政储蓄银行	
	笔数	金额
政策性银行	0.64	3 314.34
国有商业银行	89.25	11 659.33
股份制商业银行	14.78	7 193.74
城市商业银行	9.27	5 320.02
农村商业银行	1.27	252.46
城市信用社	0.04	1.02
农村信用社	10.97	1 808.59
外资银行	0.52	584.78
中国邮政储蓄银行		
其他	3.82	7 173.29
合计	130.56	37 307.57

第一季度　　　　单位：万笔、亿元

其　他		合　计	
笔数	金额	笔数	金额
1.28	8 156.56	35.92	73 771.52
43.04	110 265.25	4 046.78	1 090 324.83
8.26	50 191.87	1 581.76	837 531.59
7.84	23 361.14	860.70	257 639.74
0.57	3 466.85	127.20	32 072.75
0.07	3.38	1.89	111.57
9.50	21 056.93	660.11	181 627.75
0.59	10 282.67	140.56	102 328.56
2.68	4 474.04	67.76	36 500.44
17.23	95 134.51	154.75	452 462.11
91.06	326 393.20	7 677.43	3 064 370.86

2011 年

项目 行别	发起业务			
	借记		贷记	
	笔数	金额	笔数	金额
政策性银行	2. 74	100. 35	10. 38	11. 04
国有商业银行	817. 79	30 195. 43	5 520. 49	5 349. 56
股份制商业银行	216. 86	30 704. 46	2 769. 32	2 377. 67
城市商业银行	155. 38	6 302. 45	759. 57	721. 13
农村商业银行	15. 01	335. 83	67. 05	74. 58
城市信用社	0. 02	0. 14	1. 18	1. 54
农村信用社	161. 70	6 763. 74	523. 56	539. 29
外资银行	5. 55	58. 74	484. 47	273. 90
中国邮政储蓄银行	2. 02	67. 55	71. 90	54. 29
其他	1. 33	16 761. 31	341. 15	4 662. 45
合计	1 378. 40	91 290. 00	10 549. 07	14 065. 45

业务情况季报表

第一季度　　　　单位：万笔、亿元

接收业务				应付总金额	应收总金额
借记		贷记			
笔数	金额	笔数	金额		
2. 80	129. 41	7. 90	15. 76	140. 45	116. 11
793. 85	48 752. 15	5 994. 49	6 160. 17	54 101. 71	36 355. 60
221. 50	11 512. 50	2 094. 60	2 219. 26	13 890. 17	32 923. 72
146. 63	6 005. 06	784. 40	946. 83	6 726. 19	7 249. 28
20. 85	350. 57	101. 16	129. 59	425. 15	465. 42
0. 02	0. 13	1. 06	1. 34	1. 67	1. 48
183. 73	7 640. 10	1 152. 23	960. 71	8 179. 39	7 724. 45
5. 64	63. 62	96. 33	98. 56	337. 52	157. 30
2. 04	65. 49	311. 08	166. 90	119. 78	234. 45
1. 34	16 770. 97	5. 82	3 366. 33	21 433. 42	20 127. 64
1 378. 40	91 290. 00	10 549. 07	14 065. 45	105 355. 45	105 355. 45

2011 年

项目 行别	提出票据			
	借记		贷记	
	笔数	金额	笔数	金额
政策性银行	1.89	160.64	11.40	1 372.76
国有商业银行	2 194.63	23 307.13	2 190.33	60 827.37
股份制商业银行	996.17	10 857.49	560.21	26 021.00
城市商业银行	488.48	6 695.28	423.65	14 261.41
农村商业银行	348.63	4 188.91	282.94	6 973.22
城市信用社	8.26	76.46	4.62	151.32
农村信用社	178.28	2 146.77	443.88	5 497.07
外资银行	8.93	157.64	28.17	775.74
中国邮政储蓄银行	38.93	528.80	19.82	1 241.38
其他	821.56	831.42	957.31	9 405.65
合计	5 085.76	48 950.54	4 922.33	126 526.92

情况季报表

第一季度 单位：万笔、亿元

提入票据				应付总金额	应收总金额
借记		贷记			
笔数	金额	笔数	金额		
5.17	247.18	5.90	930.50	1 619.94	1 091.14
2 693.21	24 529.28	2 473.44	61 266.52	85 356.65	84 573.65
717.67	11 527.23	540.71	25 150.69	37 548.23	36 008.18
548.72	6 069.66	359.43	11 754.46	20 331.07	18 449.74
452.64	3 414.30	276.74	6 886.17	10 387.52	11 075.08
4.27	51.16	3.86	154.64	202.48	231.10
305.67	1 590.60	254.77	5 126.61	7 087.67	7 273.38
12.29	207.37	11.66	636.50	983.11	794.14
309.59	381.46	141.25	1 172.24	1 622.84	1 701.04
36.53	932.30	854.57	13 448.59	10 337.95	14 280.01
5 085.76	48 950.54	4 922.33	126 526.92	175 477.46	175 477.46

2011 年

业务量 行别	借记	
	笔数	金额
政策性银行		
国有商业银行	41 690. 82	162 909. 23
股份制商业银行	7 385. 70	103 087. 91
城市商业银行	6 258. 98	69 757. 02
农村商业银行	7 498. 12	21 704. 11
城市信用社		0. 02
农村信用社	3 298. 10	14 091. 05
外资银行	0. 10	1. 78
中国邮政储蓄银行	0. 39	8. 96
合计	66 132. 21	371 560. 08

支付业务情况季报表

第一季度　　　　　　　　　　　　　　单位：万笔、亿元

贷记		小计	
笔数	金额	笔数	金额
19.55	2 618.24	19.55	2 618.24
73 828.54	569 064.65	115 519.36	731 973.88
9 103.51	161 935.81	16 489.21	265 023.72
4 491.51	109 805.81	10 750.49	179 562.83
7 938.12	26 390.13	15 436.24	48 094.24
	0.03		0.05
2 772.94	26 060.35	6 071.04	40 151.40
6.89	11 347.23	6.99	11 349.01
8 577.61	10 366.90	8 578.00	10 375.86
106 738.67	917 589.15	172 870.88	1 289 149.23

2011 年

项目 / 行别	存现			
	发卡		受理	
	笔数	金额	笔数	金额
政策性银行				
国有商业银行				
股份制商业银行	128.77	137.83	59.27	91.86
城市商业银行	85.19	322.24	128.10	333.67
农村商业银行	1.82	9.20	27.05	42.26
城市信用社	0.05	0.11	1.42	1.59
农村信用社				
外资银行				
中国邮政储蓄银行				
其他				
合计	215.83	469.38	215.84	469.38

交易情况季报表

第一季度 单位：万笔、亿元

取现							
ATM				柜面			
发卡		受理		发卡		受理	
笔数	金额	笔数	金额	笔数	金额	笔数	金额
23 632. 32	2 332. 10	23 988. 66	2 576. 46	261. 25	42. 40		
10 770. 84	1 158. 67	7 742. 53	764. 21	50. 45	78. 16	19. 90	65. 13
3 940. 30	459. 36	2 573. 03	229. 33	67. 58	283. 46	60. 61	270. 26
1 249. 62	119. 26	3 299. 63	296. 84	24. 22	12. 60	19. 38	29. 49
28. 62	2. 82	8. 62	0. 67	0. 07	0. 24	0. 22	0. 88
3 639. 67	400. 97	4 725. 42	452. 77	32. 09	5. 92	339. 49	55. 98
93. 73	13. 62	112. 10	12. 94				
4 799. 16	336. 41	5 386. 38	447. 11	53. 25	7. 07	49. 31	8. 13
108. 91	18. 84	426. 79	61. 72	0. 02			
48 263. 17	4 842. 05	48 263. 16	4 842. 05	488. 93	429. 85	488. 91	429. 87

2011 年

项目 行别	POS 消费			
	发卡		收单	
	笔数	金额	笔数	金额
政策性银行				
国有商业银行	52 034. 77	16 259. 44	45 344. 62	12 277. 37
股份制商业银行	35 154. 96	5 767. 43	17 837. 16	5 747. 16
城市商业银行	5 916. 72	1 180. 51	4 729. 37	1 052. 22
农村商业银行	1 517. 99	377. 39	1 947. 52	350. 40
城市信用社	9. 10	3. 77	11. 61	4. 38
农村信用社	2 826. 04	2 206. 32	1 883. 33	1 188. 20
外资银行	58. 61	16. 47	60. 49	27. 64
中国邮政储蓄银行	4 696. 19	1 128. 20	882. 40	196. 28
其他	1 095. 02	38. 39	30 612. 90	6 134. 26
合计	103 309. 40	26 977. 92	103 309. 40	26 977. 91

交易情况季报表

第一季度 单位：万笔、亿元

转账							
ATM				柜面			
发卡		受理		发卡		受理	
笔数	金额	笔数	金额	笔数	金额	笔数	金额
73.65	51.48	68.98	47.03				
76.48	36.70	56.31	28.31	0.11	1.35	0.04	0.43
56.93	51.82	24.28	34.59	10.21	115.57	10.37	117.73
22.00	10.11	26.31	8.82	0.11	1.66	0.02	0.39
0.14	0.13	0.14	0.18	0.01	0.14	0.02	0.17
72.02	35.56	61.74	27.70				
0.11	0.10	0.08	0.06				
30.92	6.14	32.76	9.37				
0.01		61.65	35.99				
332.26	192.04	332.25	192.05	10.44	118.72	10.45	118.72

三、银行结算账户类报表

银行结算账户数量

2011 年

行别 \ 账户性质	本地存款人					异地存							
	基本存款账户	一般存款账户	专用存款账户	临时存款账户	小计	基本存款账户				一般存款账户			
						同一地市	同一省市	不同省市	小计	同一地市	同一省市	不同省市	小计
政策性银行	46 814	29 322	65 141	428	141 705	1 790	77	10	1 877	4 626	11 388	1 338	17 352
国有商业银行	8 141 686	3 111 410	1 475 130	59 581	12 787 807	84 800	11 777	5 224	101 801	160 252	92 760	91 870	344 882
股份制银行	1 567 013	1 412 456	138 731	7 815	3 126 015	15 875	3 041	1 830	20 746	97 038	108 601	71 101	276 740
城市商业银行	1 740 753	1 170 527	185 147	12 115	3 108 542	24 693	2 611	4 061	31 365	65 528	42 638	30 119	138 285
农村商业银行	836 068	215 640	67 278	960	1 119 946	3 849	1 174	710	5 733	7 685	4 694	4 888	17 267
城市信用社	58 323	25 306	4 958	844	89 431	1 482	68	26	1 576	5 104	1 077	705	6 886
农村信用社	2 449 183	727 552	334 573	21 762	3 533 070	22 962	2 418	928	26 308	57 640	20 789	14 852	93 281
外资银行	17 399	61 523	1 805	43	80 770	137	31	472	640	2 570	5 425	17 485	25 480
中国邮政储蓄银行	165 044	127 126	27 620	2 040	321 830	1 579	150	55	1 784	4 336	1 985	1 099	7 420
其他	6 576	23 042	1 341	125	31 084	117	4		121	1 896	606	246	2 748
合计	15 028 859	6 903 904	2 301 724	105 713	24 340 200	157 284	21 351	13 316	191 951	406 675	289 963	233 703	930 341

注：本报表中空格部分表示该项户数小于 50 户，下同。

季报表（按行别）

第一季度　　　　　　　　　　　　　　　　　　　　　　　　　单位：户

款人									个人银行账户	合计
专用存款账户				临时存款账户				小计		
同一地市	同一省市	不同省市	小计	同一地市	同一省市	不同省市	小计			
3 789	854	150	4 793	174	471	330	975	24 997	61	166 763
31 633	20 746	19 902	72 281	12 702	42 811	51 277	106 790	625 754	2 203 105 896	2 216 519 457
2 972	3 427	5 913	12 312	245	1 515	3 512	5 272	315 070	319 547 253	322 988 338
3 826	2 089	1 766	7 681	707	3 384	4 296	8 387	185 718	140 930 409	144 224 669
554	621	141	1 316	175	412	838	1 425	25 741	57 210 939	58 356 626
256	108	43	407	70	324	171	565	9 434	2 490 432	2 589 297
6 925	2 850	793	10 568	3 607	6 994	4 241	14 842	144 999	278 359 893	282 037 962
47	285	569	901		2	13	15	27 036	1 231 923	1 339 729
925	390	405	1 720	384	861	501	1 746	12 670	472 255 869	472 590 369
89	29	10	128	33	90	35	158	3 155	134 622	168 861
51 016	31 399	29 692	112 107	18 097	56 864	65 214	140 175	1 374 574	3 475 267 297	3 500 982 071

银行结算账户数量季报表

2011 年

行别 \ 账户性质 \ 注册资金规模	100 万元以下				100 万~1 000 万元			
	基本存款账户	一般存款账户	专用存款账户	临时存款账户	基本存款账户	一般存款账户	专用存款账户	临时存款账户
政策性银行	25 462	12 396	31 766	468	16 593	9 617	20 994	138
国有商业银行	6 834 764	1 789 971	1 011 721	66 612	1 061 726	980 681	250 860	23 670
股份制商业银行	1 269 692	668 582	76 005	8 083	240 346	494 386	25 670	928
城市商业银行	1 514 314	713 911	111 669	12 827	209 252	357 343	34 918	1 840
农村商业银行	748 574	132 764	49 480	1 303	76 566	62 769	12 048	347
城市信用社	52 420	18 046	3 596	913	6 034	8 896	914	174
农村信用社	2 174 483	442 774	276 966	22 293	252 547	240 567	39 433	3 898
外资银行	13 960	24 064	539	42	2 524	26 138	770	2
中国邮政储蓄银行	156 178	87 134	23 326	2 116	9 580	30 242	2 939	442
其他	5 229	10 276	905	129	1 126	9 116	210	34
合计	12 795 076	3 899 918	1 585 973	114 786	1 876 294	2 219 755	388 756	31 473

（按注册资金规模）

第一季度 单位：户

1 000万~1亿元				1亿元以上				小计				合计
基本存款账户	一般存款账户	专用存款账户	临时存款账户	基本存款账户	一般存款账户	专用存款账户	临时存款账户	基本存款账户	一般存款账户	专用存款账户	临时存款账户	
5 669	13 676	12 895	556	967	10 985	4 279	241	48 691	46 674	69 934	1 403	166 702
287 260	536 054	187 507	50 132	59 737	149 586	97 323	25 957	8 243 487	3 456 292	1 547 411	166 371	13 413 561
66 216	379 606	24 512	2 080	11 505	146 622	24 856	1 996	1 587 759	1 689 196	151 043	13 087	3 441 085
43 444	186 435	22 767	4 138	5 108	51 123	23 474	1 697	1 772 118	1 308 812	192 828	20 502	3 294 260
15 534	30 426	5 597	584	1 127	6 948	1 469	151	841 801	232 907	68 594	2 385	1 145 687
1 313	4 391	691	264	132	859	164	58	59 899	32 192	5 365	1 409	98 865
44 333	115 030	23 803	8 786	4 128	22 462	4 939	1 627	2 475 491	820 833	345 141	36 604	3 678 069
1 113	23 240	855	3	442	13 561	542	11	18 039	87 003	2 706	58	107 806
972	13 726	2 231	998	98	3 444	844	230	166 828	134 546	29 340	3 786	334 500
297	5 347	219	92	45	1 051	135	28	6 697	25 790	1 469	283	34 239
466 151	1 307 931	281 077	67 633	83 289	406 641	158 025	31 996	15 220 810	7 834 245	2 413 831	245 888	25 714 774

2011 年

行业分类 / 账户性质 / 行别	农、林、牧、渔业				采掘业			
	基本存款账户	一般存款账户	专用存款账户	临时存款账户	基本存款账户	一般存款账户	专用存款账户	临时存款账户
政策性银行	24 628	5 112	24 120	94	63	375	80	1
国有商业银行	346 114	103 221	57 166	3 942	80 076	33 569	20 108	1 491
股份制商业银行	21 687	31 004	2 281	197	2 609	11 387	506	31
城市商业银行	40 278	33 055	3 945	514	5 886	9 260	1 584	89
农村商业银行	44 953	5 912	2 564	88	2 280	746	172	17
城市信用社	2 405	1 186	225	44	889	840	75	10
农村信用社	246 283	34 904	20 764	1 717	30 893	11 848	5 026	313
外资银行	115	924	18		21	257	3	
中国邮政储蓄银行	9 134	6 723	1 478	130	671	1 316	172	29
其他	1 116	1 940	78	8	67	298	5	
合计	736 713	223 981	112 639	6 734	123 455	69 896	27 731	1 981

季报表（按行业归属）

第一季度 单位：户

制造业				电力、燃气及水的生产和供应业				建筑业			
基本存款账户	一般存款账户	专用存款账户	临时存款账户	基本存款账户	一般存款账户	专用存款账户	临时存款账户	基本存款账户	一般存款账户	专用存款账户	临时存款账户
2 692	7 408	5 463	18	472	1 818	658	18	321	4 436	1 255	779
1 253 918	836 312	185 151	4 517	78 290	44 943	40 843	2 611	288 149	197 177	75 272	84 018
123 573	354 618	20 642	413	6 678	20 190	1 983	86	53 470	89 791	8 777	4 683
157 226	239 469	18 800	816	7 974	12 503	1 966	152	65 853	80 816	13 716	6 799
206 230	73 070	20 296	201	3 543	2 185	578	17	25 717	13 619	1 966	852
6 032	7 257	346	69	497	567	80	13	2 192	2 117	465	408
536 366	236 058	23 428	1 103	31 977	14 128	9 268	472	71 173	50 654	9 595	12 802
1 613	33 126	1 345		38	525	26		401	1 751	37	17
7 759	25 665	481	121	867	2 671	636	65	4 771	7 533	1 281	1 437
769	9 548	156	9	67	292	20	6	290	1 366	49	118
2 296 178	1 822 531	276 108	7 267	130 403	99 822	56 058	3 440	512 337	449 260	112 413	111 913

2011 年

行业分类 / 账户性质 / 行别	交通运输、仓储和邮政业				信息传输、计算机服务和软件业			
	基本存款账户	一般存款账户	专用存款账户	临时存款账户	基本存款账户	一般存款账户	专用存款账户	临时存款账户
政策性银行	3 512	1 427	4 273	56	53	444	50	1
国有商业银行	195 215	85 102	57 354	5 363	257 728	98 273	39 353	801
股份制商业银行	29 246	39 328	3 647	291	106 300	71 426	4 248	108
城市商业银行	30 588	27 662	4 458	418	75 384	53 859	5 616	114
农村商业银行	17 236	4 880	861	125	17 760	5 243	581	11
城市信用社	945	615	154	21	1 324	545	36	5
农村信用社	42 309	16 704	6 334	1 819	27 944	14 012	2 390	110
外资银行	345	2 279	64		1 376	3 353	45	2
中国邮政储蓄银行	3 692	4 328	2 022	188	6 492	5 224	747	11
其他	122	408	20	10	112	222	3	1
合计	323 210	182 733	79 187	8 291	494 473	252 601	53 069	1 164

季报表（按行业归属）

第一季度　　　　　　　　　　　　　　　　　　　　单位：户

批发和零售业				住宿和餐饮业				金融业			
基本存款账户	一般存款账户	专用存款账户	临时存款账户	基本存款账户	一般存款账户	专用存款账户	临时存款账户	基本存款账户	一般存款账户	专用存款账户	临时存款账户
8 024	4 091	8 797	15	91	204	91		1 820	1 274	4 234	1
2 646 366	968 186	195 199	8 306	180 075	52 188	13 577	464	44 589	31 999	71 620	446
587 961	511 867	22 256	1 614	36 595	22 277	1 320	111	8 318	16 656	16 822	76
704 545	423 559	31 130	2 976	37 907	18 246	2 495	133	8 756	7 041	4 602	52
267 043	66 052	10 806	149	17 588	2 751	349	8	1 098	1 220	835	7
21 335	9 553	304	98	1 554	445	28	2	287	176	229	11
550 439	210 935	12 663	3 879	41 838	10 959	1 022	191	10 375	4 657	9 496	101
5 968	22 816	449	5	386	1 140	10		267	1 143	237	2
79 565	34 063	676	198	3 674	2 149	72	7	1 777	1 260	1 664	9
1 889	5 016	59	3	140	292	4		159	398	168	
4 873 135	2 256 138	282 339	17 243	319 848	110 651	18 968	916	77 446	65 824	109 907	705

2011 年

行业分类 / 账户性质 / 行别	房地产业				租赁和商务服务业			
	基本存款账户	一般存款账户	专用存款账户	临时存款账户	基本存款账户	一般存款账户	专用存款账户	临时存款账户
政策性银行	179	2 065	585	18	281	1 458	528	6
国有商业银行	160 479	205 670	74 528	4 112	279 948	102 466	35 235	1 673
股份制商业银行	34 243	92 983	7 999	144	88 904	61 846	4 494	244
城市商业银行	27 942	55 115	7 786	287	73 788	47 531	5 121	196
农村商业银行	7 945	9 908	2 464	84	24 710	6 588	1 052	26
城市信用社	1 166	1 667	306	35	1 507	603	43	10
农村信用社	26 668	39 080	7 612	838	40 874	18 606	1 959	270
外资银行	276	3 716	60	2	2 657	4 128	124	5
中国邮政储蓄银行	1 709	4 987	571	84	7 637	3 837	264	40
其他	127	1 027	52	13	242	597	13	4
合计	260 734	416 218	101 963	5 617	520 548	247 660	48 833	2 474

季报表（按行业归属）

第一季度 单位：户

科学研究、技术服务和地质勘查业				水利、环境和公共设施管理业				居民服务和其他服务业			
基本存款账户	一般存款账户	专用存款账户	临时存款账户	基本存款账户	一般存款账户	专用存款账户	临时存款账户	基本存款账户	一般存款账户	专用存款账户	临时存款账户
78	334	80	18	568	1 906	1 363	147	485	1 933	944	25
110 844	32 959	22 115	2 185	62 762	22 586	29 343	8 339	733 878	184 510	60 391	5 524
31 461	21 055	2 470	101	8 393	11 583	2 634	496	164 600	89 074	7 874	920
21 332	15 829	2 663	163	9 321	9 032	3 023	860	186 979	82 323	11 781	1 279
10 607	2 283	266	17	3 324	1 384	504	132	67 161	10 460	3 202	101
521	244	42	9	443	259	154	86	6 467	1 818	208	72
10 180	4 878	698	228	17 956	6 187	4 636	2 050	216 007	41 259	15 425	1 684
446	1 025	18		53	185	8		1 273	2 779	65	4
2 391	1 032	74	31	901	1 241	526	518	23 778	10 827	1 799	233
60	123	5		45	261	40	32	523	1 142	53	8
187 920	79 762	28 431	2 752	103 766	54 624	42 231	12 660	1 401 151	426 125	101 742	9 850

2011 年

行别 \ 账户性质 \ 行业分类	教育				卫生、社会保障和社会福利业			
	基本存款账户	一般存款账户	专用存款账户	临时存款账户	基本存款账户	一般存款账户	专用存款账户	临时存款账户
政策性银行	49	694	121	9	86	560	345	1
国有商业银行	104 374	17 948	46 840	616	112 625	27 097	75 039	1 152
股份制商业银行	11 961	7 795	3 027	46	10 471	8 973	3 982	101
城市商业银行	16 791	7 099	5 165	109	16 593	8 748	6 393	170
农村商业银行	7 824	941	1 848	12	6 940	1 251	1 843	23
城市信用社	828	199	136	4	816	361	398	19
农村信用社	61 356	4 493	13 271	194	56 950	6 536	20 591	316
外资银行	57	162	5		51	121	2	1
中国邮政储蓄银行	1 890	1 202	593	16	1 988	2 474	3 217	55
其他	46	84	15		39	143	49	4
合计	205 176	40 617	71 021	1 006	206 559	56 264	111 859	1 842

季报表（按行业归属）

第一季度　　　　单位：户

文化、教育和娱乐业				公共管理与社会组织				其他行业			
基本存款账户	一般存款账户	专用存款账户	临时存款账户	基本存款账户	一般存款账户	专用存款账户	临时存款账户	基本存款账户	一般存款账户	专用存款账户	临时存款账户
60	281	77	1	774	3 143	7 323	61	4 455	7 711	9 547	134
134 890	29 337	24 302	1 335	284 242	34 997	225 983	9 878	888 925	347 752	197 992	19 598
41 386	18 011	2 251	362	24 584	12 469	14 145	916	195 319	196 863	19 685	2 147
28 431	14 211	2 759	339	34 124	11 945	19 382	1 589	222 420	151 509	40 443	3 447
12 231	1 936	417	11	21 201	2 672	10 730	175	76 410	19 806	7 260	329
813	186	66	28	2 268	592	1 253	160	7 610	2 962	817	305
21 625	4 763	3 238	226	162 064	13 015	114 735	3 237	272 214	77 157	62 990	5 054
419	488	7	3	97	131	28	8	2 180	6 954	155	9
2 573	1 526	269	34	4 380	3 979	8 353	412	1 179	12 509	4 445	168
88	127	7	2	150	398	403	23	646	2 108	270	42
242 516	70 866	33 393	2 341	533 884	83 341	402 335	16 459	1 671 358	825 331	343 604	31 233

2011 年

行业分类 / 账户性质 / 行别	小	
	基本存款账户	一般存款账户
政策性银行	48 691	46 674
国有商业银行	8 243 487	3 456 292
股份制商业银行	1 587 759	1 689 196
城市商业银行	1 772 118	1 308 812
农村商业银行	841 801	232 907
城市信用社	59 899	32 192
农村信用社	2 475 491	820 833
外资银行	18 039	87 003
中国邮政储蓄银行	166 828	134 546
其他	6 697	25 790
合计	15 220 810	7 834 245

季报表（按行业归属）

第一季度 单位：户

计		合计
专用存款账户	临时存款账户	
69 934	1 403	166 702
1 547 411	166 371	13 413 561
151 043	13 087	3 441 085
192 828	20 502	3 294 260
68 594	2 385	1 145 687
5 365	1 409	98 865
345 141	36 604	3 678 069
2 706	58	107 806
29 340	3786	334 500
1 469	283	34 239
2 413 831	245 888	25 714 774

银行结算账户数量季报表

2011 年

存款人类别 / 账户性质 / 行别	企业法人				非法人企业				机关、事业单位			
	基本存款账户	一般存款账户	专用存款账户	临时存款账户	基本存款账户	一般存款账户	专用存款账户	临时存款账户	基本存款账户	一般存款账户	专用存款账户	临时存款账户
政策性银行	42 942	38 175	53 092	911	2 286	1 209	3 044	50	2 279	6 444	13 396	12
国有商业银行	4 946 556	2 973 210	817 937	100 418	708 427	221 952	134 522	5 204	486 607	80 147	552 114	725
股份制商业银行	1 114 054	1 529 649	103 133	5 065	118 582	65 955	9 459	164	21 568	26 643	35 024	22
城市商业银行	1 114 390	1 166 593	129 608	7 856	130 275	61 247	9 098	441	43 475	28 625	47 904	30
农村商业银行	470 738	198 544	38 755	1 300	92 821	17 151	5 376	76	16 618	4 357	16 497	6
城市信用社	31 544	27 555	2 331	527	3 629	1 567	144	29	3 446	1 377	2 703	4
农村信用社	1 029 356	685 378	95 027	13 980	229 498	55 866	13 392	737	198 230	26 060	208 040	87
外资银行	13 260	82 726	2 431	15	1 278	2 858	113		5	114	42	0
中国邮政储蓄银行	80 425	99 095	7 621	1 660	9 127	10 820	3 532	71	3 733	7 458	16 899	8
其他	4 397	22 076	690	155	459	1 553	57	5	129	642	649	0
合计	8 847 662	6 823 001	1 250 625	131 887	1 296 382	440 178	178 737	6 777	776 090	181 867	893 268	894

（按存款人类别）

第一季度　　　　　　　　　　　　　　　　　　　　　　　　单位：户

社会团体				民办非企业组织				异地常设机构			
基本存款账户	一般存款账户	专用存款账户	临时存款账户	基本存款账户	一般存款账户	专用存款账户	临时存款账户	基本存款账户	一般存款账户	专用存款账户	临时存款账户
152	63	14		74	58	19		1	2	3	
166 491	6 314	6 539	6	68 993	10 761	4 273	10	7 167	679	560	8
24 961	3 779	771		12 718	5 134	517	1	2 560	452	31	
30 664	2 637	1 066		18 600	4 773	1 213		1 628	367	43	
14 637	753	1 801		5 308	604	143		45	6		
1 291	51	37		754	87	8		8	1		
45 427	1 285	1 621	3	24 760	2 371	680	3	300	67	29	
68	55	5		20	74			23	18		
2 677	549	237	1	1 892	870	148		5	9		
120	81	1		78	68	1					
286 488	15 567	12 092	10	133 197	24 800	7 002	14	11 737	1 601	666	8

银行结算账户数量季报表

2011 年

存款人类别 / 账户性质 / 行别	外国驻华机构				个体工商户				居民委员会、村民委员会、社区委员会			
	基本存款账户	一般存款账户	专用存款账户	临时存款账户	基本存款账户	一般存款账户	专用存款账户	临时存款账户	基本存款账户	一般存款账户	专用存款账户	临时存款账户
政策性银行	2	5			649	477	219	2	13	53	5	
国有商业银行	11 780	910	505	7	1 694 384	141 112	12 015	475	28 373	7 496	4 947	
股份制商业银行	4 450	778	53		269 693	49 557	877	20	1 221	1 924	334	
城市商业银行	1 298	227	56		394 568	36 222	1 994	67	4 187	2 997	816	
农村商业银行	44	11			203 161	9 945	1 769	47	18 820	783	3 386	
城市信用社	1	2			18 135	1 324	21	5	413	129	78	
农村信用社	97	41		1	649 989	40 956	3 524	79	197 643	4 766	17 286	
外资银行	643	278	25		1 023	446			2	7		
中国邮政储蓄银行	8	4			63 654	12 928	108	9	2 599	1 537	523	
其他		1			1 307	1 026	10		78	172	47	
合计	18 323	2 257	639	8	3 296 563	293 993	20 537	704	253 349	19 864	27 422	

（按存款人类别）

第一季度　　　　　　　　　　　　　　　　　　　单位：户

单位设立的独立核算的附属机构				其他组织				小　计				合计
基本存款账户	一般存款账户	专用存款账户	临时存款账户	基本存款账户	一般存款账户	专用存款账户	临时存款账户	基本存款账户	一般存款账户	专用存款账户	临时存款账户	
39	22	12		254	166	130	428	48 691	46 674	69 934	1 403	166 702
27 932	1 273	2 855	53	96 777	12 438	11 144	59 465	8 243 487	3 456 292	1 547 411	166 371	13 413 561
2 620	386	160	1	15 332	4 939	684	7 814	1 587 759	1 689 196	151 043	13 087	3 441 085
4 241	421	132	1	28 792	4 703	898	12 107	1 772 118	1 308 812	192 828	20 502	3 294 260
3 510	69	53		16 099	684	814	956	841 801	232 907	68 594	2 385	1 145 687
119	9	8		559	90	35	844	59 899	32 192	5 365	1 409	98 865
15 229	452	804	1	84 962	3 591	4 738	21 713	2 475 491	820 833	345 141	36 604	3 678 069
3	3			1 714	424	90	43	18 039	87 003	2 706	58	107 806
122	189	77		2 586	1 087	195	2 037	166 828	134 546	29 340	3 786	334 500
12	6	3		117	165	11	123	6 697	25 790	1 469	283	34 239
53 827	2 830	4 104	56	247 192	28 287	18 739	105 530	15 220 810	7 834 245	2 413 831	245 888	25 714 774

第三部分

支付业务地域及行别分布状况

表格1　票据业务量分地区（按业务笔数）

单位：万笔

省份	业务量	省份	业务量
北京	1 044.60	湖北	735.92
天津	487.49	湖南	411.97
河北	540.20	广东	1 593.32
山西	403.37	海南	81.17
内蒙古	489.12	广西	323.85
辽宁	798.21	重庆	712.00
吉林	215.43	四川	1 055.04
黑龙江	422.71	贵州	309.02
上海	1 383.56	云南	432.90
江苏	1 935.17	西藏	15.28
浙江	1 675.74	陕西	422.42
安徽	773.31	甘肃	429.37
福建	548.49	青海	57.67
江西	388.68	宁夏	102.88
山东	1 319.24	新疆	505.82
河南	703.40	深圳	399.28

表格2　票据业务量分地区（按业务金额）

单位：亿元

省份	业务量	省份	业务量
北京	177 420.73	湖北	17 901.96
天津	16 406.90	湖南	8 702.31
河北	13 768.30	广东	46 602.41
山西	10 953.32	海南	2 239.78
内蒙古	7 993.53	广西	13 709.14
辽宁	17 534.15	重庆	13 591.17
吉林	6 502.60	四川	19 568.39
黑龙江	6 116.96	贵州	5 327.52
上海	44 245.44	云南	9 668.58
江苏	70 472.88	西藏	263.09
浙江	79 573.53	陕西	11 950.59
安徽	25 115.55	甘肃	2 323.25
福建	18 530.63	青海	3 834.60
江西	8 421.89	宁夏	1 621.63
山东	53 665.90	新疆	7 397.72
河南	14 344.60	深圳	15 714.14

表格 3　票据业务量分行别（按业务笔数）①

行别	排名	行别	排名
中国工商银行	1	花旗银行	31
中国农业银行	2	企业银行	32
城市商业银行	3	国家开发银行	33
中国建设银行	4	厦门国际银行	34
农村信用社	5	韩亚银行	35
中国银行	6	瑞穗实业银行	36
农村商业银行	7	友利银行	37
农村合作银行	8	恒生银行	38
交通银行	9	新韩银行	39
广东发展银行	10	南洋商业银行	40
招商银行	11	外换银行	41
上海浦东发展银行	12	苏格兰皇家银行	42
中信银行	13	东方汇理银行	43
华夏银行	14	星展银行	44
兴业银行	15	华一银行	45
中国光大银行	16	华侨银行	46
中国民生银行	17	大华银行	47
中国邮政储蓄银行	18	澳大利亚和新西兰银行	48
深圳发展银行	19	德意志银行	49
中国农业发展银行	20	永亨银行	50
恒丰银行	21	法国兴业银行	51
三井住友银行	22	中国进出口银行	52
城市信用社	23	法国巴黎银行	53
渤海银行	24	盘谷银行	54
浙商银行	25	大新银行	55
外国银行分行	26	华商银行	56
汇丰银行	27	首都银行	57
东亚银行	28	摩根大通银行	58
三菱东京日联银行	29	华美银行	59
渣打银行	30		

① 统计期间未发生业务的银行不参与排名，下同。

表格 4　票据业务量分行别（按业务金额）

行别	排名	行别	排名
中国工商银行	1	星展银行	31
城市商业银行	2	城市信用社	32
中国建设银行	3	渣打银行	33
中国农业银行	4	外国银行分行	34
中国银行	5	恒生银行	35
农村商业银行	6	南洋商业银行	36
农村信用社	7	三菱东京日联银行	37
交通银行	8	华商银行	38
中信银行	9	韩亚银行	39
上海浦东发展银行	10	瑞穗实业银行	40
农村合作银行	11	华侨银行	41
中国民生银行	12	苏格兰皇家银行	42
兴业银行	13	外换银行	43
招商银行	14	友利银行	44
中国光大银行	15	德意志银行	45
华夏银行	16	永亨银行	46
广东发展银行	17	企业银行	47
深圳发展银行	18	东方汇理银行	48
中国农业发展银行	19	新韩银行	49
中国邮政储蓄银行	20	大华银行	50
恒丰银行	21	法国巴黎银行	51
国家开发银行	22	华一银行	52
渤海银行	23	大新银行	53
浙商银行	24	澳大利亚和新西兰银行	54
东亚银行	25	首都银行	55
三井住友银行	26	法国兴业银行	56
厦门国际银行	27	盘谷银行	57
汇丰银行	28	华美银行	58
中国进出口银行	29	摩根大通银行	59
花旗银行	30		

表格 5　支票业务量分地区（按业务笔数）

单位：万笔

省份	业务量	省份	业务量
北京	1 040.58	湖北	725.64
天津	483.25	湖南	406.61
河北	528.26	广东	1 580.08
山西	396.44	海南	80.95
内蒙古	486.57	广西	322.05
辽宁	787.71	重庆	704.43
吉林	214.01	四川	1 048.06
黑龙江	419.88	贵州	303.15
上海	1 347.91	云南	431.21
江苏	1 761.98	西藏	15.27
浙江	1 487.39	陕西	419.03
安徽	732.51	甘肃	428.32
福建	539.88	青海	57.59
江西	383.93	宁夏	101.50
山东	1 278.47	新疆	504.47
河南	676.96	深圳	394.00

表格 6　支票业务量分地区（按业务金额）

单位：亿元

省份	业务量	省份	业务量
北京	175 564.50	湖北	16 816.12
天津	15 190.20	湖南	8 246.06
河北	12 666.60	广东	44 045.05
山西	10 238.05	海南	2 188.72
内蒙古	7 504.17	广西	13 496.18
辽宁	15 809.10	重庆	12 688.44
吉林	6 341.08	四川	18 471.57
黑龙江	5 833.12	贵州	5 169.86
上海	40 502.53	云南	9 228.08
江苏	55 628.23	西藏	262.23
浙江	57 928.68	陕西	11 604.47
安徽	22 958.24	甘肃	2 204.00
福建	17 210.10	青海	3 824.64
江西	7 808.50	宁夏	1 476.42
山东	50 062.27	新疆	7 249.26
河南	17 696.36	深圳	14 846.09

表格7　支票业务量分行别（按业务笔数）

行别	排名	行别	排名
中国工商银行	1	花旗银行	31
中国农业银行	2	企业银行	32
城市商业银行	3	国家开发银行	33
中国建设银行	4	厦门国际银行	34
农村信用社	5	韩亚银行	35
农村商业银行	6	瑞穗实业银行	36
中国银行	7	友利银行	37
农村合作银行	8	恒生银行	38
交通银行	9	新韩银行	39
广东发展银行	10	南洋商业银行	40
招商银行	11	外换银行	41
上海浦东发展银行	12	苏格兰皇家银行	42
中信银行	13	东方汇理银行	43
华夏银行	14	星展银行	44
兴业银行	15	华一银行	45
中国光大银行	16	华侨银行	46
中国邮政储蓄银行	17	大华银行	47
中国民生银行	18	澳大利亚和新西兰银行	48
深圳发展银行	19	德意志银行	49
中国农业发展银行	20	永亨银行	50
恒丰银行	21	法国兴业银行	51
三井住友银行	22	中国进出口银行	52
城市信用社	23	法国巴黎银行	53
渤海银行	24	盘谷银行	54
外国银行分行	25	大新银行	55
汇丰银行	26	华商银行	56
浙商银行	27	首都银行	57
东亚银行	28	摩根大通银行	58
三菱东京日联银行	29	华美银行	59
渣打银行	30		

表格 8　支票业务量分行别（按业务金额）

行别	排名	行别	排名
中国工商银行	1	星展银行	31
城市商业银行	2	城市信用社	32
中国建设银行	3	渣打银行	33
中国农业银行	4	外国银行分行	34
中国银行	5	恒生银行	35
农村商业银行	6	南洋商业银行	36
农村信用社	7	三菱东京日联银行	37
交通银行	8	华商银行	38
农村合作银行	9	韩亚银行	39
中信银行	10	瑞穗实业银行	40
上海浦东发展银行	11	华侨银行	41
兴业银行	12	苏格兰皇家银行	42
中国民生银行	13	外换银行	43
招商银行	14	友利银行	44
华夏银行	15	德意志银行	45
中国光大银行	16	永亨银行	46
广东发展银行	17	企业银行	47
深圳发展银行	18	东方汇理银行	48
中国邮政储蓄银行	19	新韩银行	49
中国农业发展银行	20	大华银行	50
恒丰银行	21	法国巴黎银行	51
国家开发银行	22	华一银行	52
渤海银行	23	大新银行	53
浙商银行	24	澳大利亚和新西兰银行	54
东亚银行	25	首都银行	55
三井住友银行	26	法国兴业银行	56
厦门国际银行	27	盘谷银行	57
汇丰银行	28	华美银行	58
中国进出口银行	29	摩根大通银行	59
花旗银行	30		

表格 9　各地区支票出票人违规情况列表（按业务笔数）

单位：笔

省份	支票违规笔数	省份	支票违规笔数
北京	0	湖北	226
天津	271	湖南	0
河北	81	广东	17 030
山西	0	海南	0
内蒙古	0	广西	0
辽宁	958	重庆	103
吉林	1	四川	43
黑龙江	0	贵州	0
上海	10 360	云南	311
江苏	315	西藏	0
浙江	3 857	陕西	53
安徽	0	甘肃	0
福建	0	青海	0
江西	0	宁夏	0
山东	243	新疆	320
河南	3	深圳	7 469

表格 10　各地区支票出票人违规情况列表（按业务金额）

单位：万元

省份	支票违规金额	省份	支票违规金额
北京	0	湖北	1 875. 29
天津	1 233. 80	湖南	0
河北	1 459. 11	广东	133 189. 4
山西	0	海南	0
内蒙古	0	广西	0
辽宁	13 479. 83	重庆	427. 03
吉林	7. 2	四川	149. 83
黑龙江	0	贵州	0
上海	95 190. 84	云南	2 748. 99
江苏	3 569. 45	西藏	0
浙江	277 712. 84	陕西	512. 17
安徽	0	甘肃	0
福建	0	青海	0
江西	0	宁夏	0
山东	4 508. 04	新疆	2 713. 23
河南	61. 03	深圳	28 600. 47

表格 11　支票出票人违规情况分开户银行行别列表（按业务笔数）

行别	排名	行别	排名
中国工商银行	1	汇丰银行	20
中国农业银行	2	渤海银行	21
农村商业银行	3	浙商银行	22
中国建设银行	4	东亚银行	23
城市商业银行	5	城市信用社	24
中国银行	6	渣打银行	25
农村信用社	7	友利银行	26
深圳发展银行	8	华一银行	27
农村合作银行	9	永亨银行	28
交通银行	10	厦门国际银行	29
上海浦东发展银行	11	星展银行	30
广东发展银行	12	企业银行	31
招商银行	13	大华银行	32
兴业银行	14	恒丰银行	33
中国民生银行	15	苏格兰皇家银行	34
中国邮政储蓄银行	16	三菱东京日联银行	35
中信银行	17	花旗银行	36
中国光大银行	18	新韩银行	37
华夏银行	19	三井住友银行	38

表格 12　支票出票人违规情况分开户银行行别列表（按业务金额）

行别	排名	行别	排名
中国工商银行	1	浙商银行	20
中国农业银行	2	渤海银行	21
城市商业银行	3	城市信用社	22
中国银行	4	渣打银行	23
中国建设银行	5	汇丰银行	24
农村合作银行	6	东亚银行	25
农村商业银行	7	永亨银行	26
农村信用社	8	厦门国际银行	27
中信银行	9	企业银行	28
上海浦东发展银行	10	花旗银行	29
招商银行	11	友利银行	30
深圳发展银行	12	三菱东京日联银行	31
中国民生银行	13	华一银行	32
兴业银行	14	星展银行	33
交通银行	15	新韩银行	34
中国光大银行	16	大华银行	35
广东发展银行	17	恒丰银行	36
华夏银行	18	三井住友银行	37
中国邮政储蓄银行	19	苏格兰皇家银行	38

表格 13 商业汇票业务分地区（按业务笔数）

单位：万笔

省份	业务量	省份	业务量
北京	3.61	湖北	9.77
天津	3.73	湖南	5.07
河北	7.90	广东	12.80
山西	4.42	海南	0.19
内蒙古	2.02	广西	1.77
辽宁	7.23	重庆	6.87
吉林	1.14	四川	6.86
黑龙江	2.37	贵州	1.19
上海	6.74	云南	1.65
江苏	57.90	西藏	0.00
浙江	60.01	陕西	2.82
安徽	7.98	甘肃	0.91
福建	7.90	青海	0.07
江西	4.18	宁夏	1.30
山东	31.66	新疆	1.25
河南	12.83	深圳	4.96

表格 14 商业汇票业务分地区（按业务金额）

单位：亿元

省份	业务量	省份	业务量
北京	1 611.24	湖北	1 003.24
天津	1 038.43	湖南	411.57
河北	854.63	广东	2 308.19
山西	520.56	海南	30.05
内蒙古	457.98	广西	198.58
辽宁	1 299.73	重庆	761.61
吉林	144.88	四川	1 069.46
黑龙江	253.15	贵州	152.23
上海	1 616.68	云南	404.10
江苏	4 858.16	西藏	0.81
浙江	6 026.36	陕西	265.40
安徽	631.83	甘肃	105.59
福建	1 086.35	青海	7.47
江西	583.01	宁夏	142.41
山东	2 781.97	新疆	130.71
河南	1 550.74	深圳	786.24

表格 15　商业汇票业务量分行别（按业务笔数）

行别	排名	行别	排名
城市商业银行	1	中国农业发展银行	26
中国银行	2	城市信用社	27
中国工商银行	3	外换银行	28
上海浦东发展银行	4	国家开发银行	29
中信银行	5	瑞穗实业银行	30
中国建设银行	6	三菱东京日联银行	31
农村商业银行	7	恒生银行	32
交通银行	8	华一银行	33
中国民生银行	9	韩亚银行	34
招商银行	10	外国银行分行	35
农村合作银行	11	南洋商业银行	36
中国光大银行	12	星展银行	37
兴业银行	13	德意志银行	38
农村信用社	14	友利银行	39
深圳发展银行	15	汇丰银行	40
广东发展银行	16	华美银行	41
中国农业银行	17	华商银行	42
华夏银行	18	新韩银行	43
恒丰银行	19	华侨银行	44
渤海银行	20	三井住友银行	45
浙商银行	21	永亨银行	46
东亚银行	22	苏格兰皇家银行	47
花旗银行	23	首都银行	48
渣打银行	24	法国兴业银行	49
厦门国际银行	25		

表格 16　商业汇票业务量分行别（按业务金额）

行别	排名	行别	排名
城市商业银行	1	厦门国际银行	26
中信银行	2	南洋商业银行	27
中国建设银行	3	中国农业发展银行	28
中国银行	4	德意志银行	29
中国工商银行	5	韩亚银行	30
上海浦东发展银行	6	瑞穗实业银行	31
交通银行	7	三菱东京日联银行	32
中国民生银行	8	星展银行	33
招商银行	9	汇丰银行	34
深圳发展银行	10	华商银行	35
中国光大银行	11	恒生银行	36
广东发展银行	12	外国银行分行	37
兴业银行	13	三井住友银行	38
华夏银行	14	外换银行	39
农村商业银行	15	华一银行	40
农村信用社	16	城市信用社	41
恒丰银行	17	友利银行	42
中国农业银行	18	新韩银行	43
农村合作银行	19	苏格兰皇家银行	44
渤海银行	20	华侨银行	45
浙商银行	21	华美银行	46
花旗银行	22	永亨银行	47
渣打银行	23	法国兴业银行	48
东亚银行	24	首都银行	49
国家开发银行	25		

表格 17　银行卡数量分地区

单位：万张

省份	数量	省份	数量
北京	12 183.27	湖北	10 301.58
天津	7 348.80	湖南	8 878.26
河北	8 919.41	广东	24 585.27
山西	5 288.84	海南	1 449.78
内蒙古	3 951.13	广西	6 466.56
辽宁	9 566.73	重庆	5 640.91
吉林	4 153.83	四川	12 376.81
黑龙江	4 902.45	贵州	3 351.69
上海	10 481.22	云南	4 577.71
江苏	21 239.24	西藏	180.79
浙江	16 220.20	陕西	6 097.46
安徽	6 478.31	甘肃	3 360.56
福建	9 234.91	青海	563.10
江西	5 495.79	宁夏	914.93
山东	16 018.11	新疆	3 427.49
河南	12 039.51	深圳	9 597.71

表格 18　银行卡数量分行别

行别	排名	行别	排名
中国农业银行	1	兴业银行	18
中国邮政储蓄银行	2	深圳发展银行	19
中国工商银行	3	恒丰银行	20
中国建设银行	4	渤海银行	21
中国银行	5	东亚银行	22
农村信用社	6	浙商银行	23
城市商业银行	7	渣打银行	24
招商银行	8	汇丰银行	25
交通银行	9	花旗银行	26
农村商业银行	10	友利银行	27
中国光大银行	11	恒生银行	28
中信银行	12	城市信用社	29
中国民生银行	13	韩亚银行	30
农村合作银行	14	南洋商业银行	31
上海浦东发展银行	15	星展银行	32
广东发展银行	16	华侨银行	33
华夏银行	17	永亨银行	34

表格 19　银行卡业务量分地区（按业务笔数）

单位：万笔

省份	业务量	省份	业务量
北京	33 698. 11	湖北	26 161. 54
天津	10 388. 18	湖南	19 831. 82
河北	23 583. 62	广东	78 766. 43
山西	10 266. 04	海南	5 262. 86
内蒙古	9 624. 03	广西	17 441. 33
辽宁	25 977. 03	重庆	15 994. 92
吉林	10 769. 36	四川	30 166. 79
黑龙江	12 001. 97	贵州	8 861. 22
上海	36 363. 57	云南	11 942. 55
江苏	55 458. 82	西藏	500. 35
浙江	49 657. 98	陕西	14 923. 63
安徽	18 299. 17	甘肃	8 344. 09
福建	33 254. 14	青海	1 784. 86
江西	12 869. 96	宁夏	3 464. 80
山东	41 534. 98	新疆	11 995. 22
河南	28 170. 27	深圳	27 870. 44

表格 20　银行卡业务量分地区（按业务金额）

单位：亿元

省份	业务量	省份	业务量
北京	37 200. 31	湖北	23 754. 22
天津	8 810. 26	湖南	16 534. 00
河北	29 582. 40	广东	59 226. 25
山西	15 426. 67	海南	4 358. 71
内蒙古	16 303. 42	广西	13 260. 54
辽宁	25 023. 70	重庆	11 837. 85
吉林	10 749. 92	四川	26 550. 60
黑龙江	13 327. 20	贵州	6 699. 61
上海	49 269. 81	云南	11 497. 70
江苏	66 847. 18	西藏	297. 58
浙江	93 585. 94	陕西	14 009. 96
安徽	22 313. 21	甘肃	6 493. 64
福建	39 117. 65	青海	1 402. 08
江西	15 817. 73	宁夏	2 718. 31
山东	39 396. 03	新疆	9 053. 28
河南	36 058. 82	深圳	26 263. 53

表格 21　银行卡业务量分行别（按业务笔数）

行别	排名	行别	排名
中国工商银行	1	深圳发展银行	18
中国建设银行	2	华夏银行	19
中国农业银行	3	恒丰银行	20
中国邮政储蓄银行	4	渤海银行	21
交通银行	5	东亚银行	22
中国银行	6	浙商银行	23
农村信用社	7	渣打银行	24
城市商业银行	8	汇丰银行	25
招商银行	9	友利银行	26
农村商业银行	10	花旗银行	27
农村合作银行	11	韩亚银行	28
上海浦东发展银行	12	星展银行	29
广东发展银行	13	城市信用社	30
中国光大银行	14	恒生银行	31
中国民生银行	15	南洋商业银行	32
中信银行	16	华侨银行	33
兴业银行	17	永亨银行	34

表格 22　银行卡业务量分行别（按业务金额）

行别	排名	行别	排名
中国工商银行	1	深圳发展银行	18
中国农业银行	2	广东发展银行	19
交通银行	3	恒丰银行	20
中国建设银行	4	浙商银行	21
农村信用社	5	渤海银行	22
城市商业银行	6	东亚银行	23
中国邮政储蓄银行	7	城市信用社	24
中国银行	8	韩亚银行	25
农村合作银行	9	花旗银行	26
农村商业银行	10	友利银行	27
上海浦东发展银行	11	渣打银行	28
中国民生银行	12	汇丰银行	29
招商银行	13	南洋商业银行	30
中信银行	14	恒生银行	31
中国光大银行	15	星展银行	32
兴业银行	16	华侨银行	33
华夏银行	17	永亨银行	34

表格 23　银行卡消费业务量分地区（按业务笔数）

单位：万笔

省份	业务量	省份	业务量
北京	10 787.35	湖北	4 456.92
天津	3 853.67	湖南	3 796.34
河北	3 504.23	广东	18 423.69
山西	1 566.48	海南	945.67
内蒙古	1 197.53	广西	2 024.32
辽宁	4 754.67	重庆	2 384.46
吉林	1 790.45	四川	4 251.16
黑龙江	1 652.03	贵州	961.06
上海	11 496.35	云南	1 876.61
江苏	10 409.03	西藏	55.88
浙江	8 542.84	陕西	3 196.28
安徽	2 633.34	甘肃	977.25
福建	6 277.68	青海	189.28
江西	1 724.47	宁夏	366.02
山东	8 859.67	新疆	1 399.73
河南	4 153.70	深圳	7 851.00

表格 24　银行卡消费业务量分地区（按业务金额）

单位：亿元

省份	业务量	省份	业务量
北京	1 746.52	湖北	1 081.47
天津	543.53	湖南	1 003.98
河北	1 143.23	广东	2 634.20
山西	439.09	海南	199.45
内蒙古	485.47	广西	452.40
辽宁	976.91	重庆	537.22
吉林	309.31	四川	1 203.25
黑龙江	376.43	贵州	270.02
上海	1 906.32	云南	509.19
江苏	2 593.87	西藏	17.40
浙江	4 679.56	陕西	641.93
安徽	824.78	甘肃	196.11
福建	1 221.30	青海	57.26
江西	506.87	宁夏	104.28
山东	1 782.95	新疆	306.59
河南	2 602.06	深圳	1 119.50

表格 25　银行卡消费业务量分行别（按业务笔数）

行别	排名	行别	排名
中国建设银行	1	农村合作银行	18
中国工商银行	2	华夏银行	19
招商银行	3	渤海银行	20
中国农业银行	4	东亚银行	21
中国银行	5	恒丰银行	22
交通银行	6	汇丰银行	23
城市商业银行	7	浙商银行	24
广东发展银行	8	渣打银行	25
中国邮政储蓄银行	9	友利银行	26
中信银行	10	花旗银行	27
中国光大银行	11	韩亚银行	28
中国民生银行	12	恒生银行	29
兴业银行	13	星展银行	30
上海浦东发展银行	14	南洋商业银行	31
农村信用社	15	城市信用社	32
农村商业银行	16	华侨银行	33
深圳发展银行	17	永亨银行	34

表格 26　银行卡消费业务量分行别（按业务金额）

行别	排名	行别	排名
中国工商银行	1	华夏银行	18
中国农业银行	2	深圳发展银行	19
中国建设银行	3	浙商银行	20
中国银行	4	恒丰银行	21
招商银行	5	东亚银行	22
交通银行	6	渤海银行	23
城市商业银行	7	汇丰银行	24
农村信用社	8	渣打银行	25
农村合作银行	9	花旗银行	26
中国邮政储蓄银行	10	恒生银行	27
中信银行	11	友利银行	28
农村商业银行	12	星展银行	29
广东发展银行	13	南洋商业银行	30
兴业银行	14	华侨银行	31
中国民生银行	15	城市信用社	32
上海浦东发展银行	16	韩亚银行	33
中国光大银行	17	永亨银行	34

表格 27 信用卡数量分地区

单位：万张

省份	数量	省份	数量
北京	2 125.08	湖北	919.51
天津	632.45	湖南	537.64
河北	740.18	广东	2 237.77
山西	349.33	海南	115.05
内蒙古	230.03	广西	312.54
辽宁	1 026.77	重庆	517.74
吉林	296.22	四川	802.54
黑龙江	381.86	贵州	165.16
上海	2 045.70	云南	339.65
江苏	1 988.32	西藏	3.87
浙江	1 906.95	陕西	409.36
安徽	544.57	甘肃	179.40
福建	1 033.39	青海	31.02
江西	389.43	宁夏	54.29
山东	1 592.46	新疆	176.03
河南	839.62	深圳	1 300.67

表格 28 信用卡数量分行别

行别	排名	行别	排名
中国工商银行	1	中国民生银行	11
中国建设银行	2	上海浦东发展银行	12
中国银行	3	深圳发展银行	13
中国农业银行	4	兴业银行	14
招商银行	5	华夏银行	15
交通银行	6	中国邮政储蓄银行	16
中信银行	7	农村合作银行	17
广东发展银行	8	农村商业银行	18
中国光大银行	9	东亚银行	19
城市商业银行	10	农村信用社	20

表格 29　信用卡期末授信总额分行别

行别	排名	行别	排名
中国工商银行	1	兴业银行	11
中国建设银行	2	上海浦东发展银行	12
交通银行	3	中国光大银行	13
中国农业银行	4	深圳发展银行	14
中国银行	5	华夏银行	15
招商银行	6	中国邮政储蓄银行	16
城市商业银行	7	农村合作银行	17
中国民生银行	8	农村商业银行	18
广东发展银行	9	东亚银行	19
中信银行	10	农村信用社	20

表格 30　信用卡期末应偿信贷总额分行别

行别	排名	行别	排名
中国工商银行	1	中国民生银行	11
中国建设银行	2	兴业银行	12
招商银行	3	上海浦东发展银行	13
中国农业银行	4	深圳发展银行	14
中国银行	5	农村合作银行	15
交通银行	6	农村商业银行	16
城市商业银行	7	华夏银行	17
广东发展银行	8	中国邮政储蓄银行	18
中信银行	9	东亚银行	19
中国光大银行	10	农村信用社	20

表格 31　信用卡逾期半年未偿信贷总额分行别

行别	排名	行别	排名
中信银行	1	中国光大银行	11
招商银行	2	上海浦东发展银行	12
中国工商银行	3	兴业银行	13
中国银行	4	农村合作银行	14
交通银行	5	华夏银行	15
广东发展银行	6	深圳发展银行	16
中国民生银行	7	农村商业银行	17
中国建设银行	8	中国邮政储蓄银行	18
中国农业银行	9	东亚银行	19
城市商业银行	10	农村信用社	20

表格 32　汇兑业务量分地区（按业务笔数）

单位：万笔

省份	业务量	省份	业务量
北京	984.34	湖北	509.29
天津	307.37	湖南	736.76
河北	576.34	广东	2 476.96
山西	1 003.66	海南	201.20
内蒙古	418.57	广西	386.48
辽宁	569.35	重庆	327.37
吉林	273.52	四川	839.47
黑龙江	349.05	贵州	456.73
上海	1 160.13	云南	326.83
江苏	2 012.63	西藏	38.28
浙江	4 072.39	陕西	498.78
安徽	446.88	甘肃	193.72
福建	1 599.40	青海	117.64
江西	383.53	宁夏	109.31
山东	2 522.37	新疆	357.83
河南	982.33	深圳	976.84

表格 33　汇兑业务量分地区（按业务金额）

单位：亿元

省份	业务量	省份	业务量
北京	162 763.43	湖北	13 992.78
天津	17 044.54	湖南	19 973.57
河北	24 026.44	广东	59 337.65
山西	35 491.99	海南	4 304.91
内蒙古	13 463.61	广西	9 424.23
辽宁	35 921.96	重庆	19 895.83
吉林	7 665.06	四川	22 699.50
黑龙江	20 528.79	贵州	6 917.28
上海	115 470.50	云南	10 455.09
江苏	69 127.07	西藏	835.60
浙江	113 004.51	陕西	13 349.40
安徽	13 837.62	甘肃	12 518.49
福建	27 074.24	青海	1 883.63
江西	10 046.83	宁夏	2 953.98
山东	52 587.34	新疆	6 899.02
河南	32 658.25	深圳	59 899.72

表格34　汇兑业务量分行别（按业务笔数）

行别	排名	行别	排名
中国工商银行	1	瑞穗实业银行	32
中国邮政储蓄银行	2	国家开发银行	33
中国建设银行	3	苏格兰皇家银行	34
中国农业银行	4	摩根大通银行	35
农村信用社	5	星展银行	36
中国银行	6	花旗银行	37
城市商业银行	7	友利银行	38
农村商业银行	8	韩亚银行	39
交通银行	9	企业银行	40
中信银行	10	恒生银行	41
农村合作银行	11	城市信用社	42
广东发展银行	12	新韩银行	43
汇丰银行	13	南洋商业银行	44
中国光大银行	14	厦门国际银行	45
华夏银行	15	法国巴黎银行	46
渣打银行	16	华侨银行	47
兴业银行	17	中国进出口银行	48
上海浦东发展银行	18	外换银行	49
招商银行	19	东方汇理银行	50
中国农业发展银行	20	大华银行	51
德意志银行	21	澳大利亚和新西兰银行	52
深圳发展银行	22	永亨银行	53
中国民生银行	23	法国兴业银行	54
外国银行分行	24	大新银行	55
浙商银行	25	盘谷银行	56
三菱东京日联银行	26	中信银行国际	57
恒丰银行	27	华商银行	58
三井住友银行	28	蒙特利尔银行	59
东亚银行	29	首都银行	60
华一银行	30	摩根士丹利国际银行	61
渤海银行	31		

表格 35　汇兑业务量分行别（按业务金额）

行别	排名	行别	排名
中国工商银行	1	东亚银行	32
中国建设银行	2	三菱东京日联银行	33
中国农业银行	3	三井住友银行	34
城市商业银行	4	星展银行	35
交通银行	5	厦门国际银行	36
中国银行	6	华一银行	37
中信银行	7	华侨银行	38
农村信用社	8	恒生银行	39
农村商业银行	9	法国巴黎银行	40
中国邮政储蓄银行	10	澳大利亚和新西兰银行	41
中国光大银行	11	韩亚银行	42
农村合作银行	12	南洋商业银行	43
华夏银行	13	摩根大通银行	44
广东发展银行	14	法国兴业银行	45
渣打银行	15	友利银行	46
恒丰银行	16	新韩银行	47
兴业银行	17	华商银行	48
上海浦东发展银行	18	外换银行	49
渤海银行	19	大华银行	50
中国农业发展银行	20	东方汇理银行	51
中国民生银行	21	城市信用社	52
招商银行	22	大新银行	53
国家开发银行	23	苏格兰皇家银行	54
浙商银行	24	企业银行	55
深圳发展银行	25	永亨银行	56
汇丰银行	26	盘谷银行	57
花旗银行	27	中信银行国际	58
外国银行分行	28	首都银行	59
德意志银行	29	摩根士丹利国际银行	60
中国进出口银行	30	蒙特利尔银行	61
瑞穗实业银行	31		

表格 36　银行业金融机构行内支付系统分地区（按业务笔数）

单位：万笔

省份	笔数	省份	笔数
北京	7 575.65	湖北	4 415.32
天津	1 278.06	湖南	4 257.83
河北	3 643.80	广东	39 468.27
山西	2 987.57	海南	2 137.28
内蒙古	2 097.34	广西	4 006.80
辽宁	4 241.29	重庆	10 309.10
吉林	1 991.78	四川	4 844.98
黑龙江	2 042.02	贵州	3 057.97
上海	7 468.34	云南	2 732.03
江苏	11 921.70	西藏	105.57
浙江	13 445.04	陕西	2 605.70
安徽	2 608.40	甘肃	1 709.25
福建	7 428.99	青海	432.73
江西	2 774.19	宁夏	586.15
山东	6 256.44	新疆	1 654.66
河南	4 361.87	深圳	8 424.74

表格 37　银行业金融机构行内支付系统分地区（按业务金额）

单位：亿元

省份	金额	省份	金额
北京	137 279.94	湖北	21 716.89
天津	18 725.20	湖南	19 578.10
河北	19 325.50	广东	110 153.48
山西	22 475.88	海南	6 576.62
内蒙古	20 323.72	广西	11 088.46
辽宁	44 967.69	重庆	23 193.93
吉林	8 282.26	四川	23 537.93
黑龙江	10 279.53	贵州	8 969.65
上海	130 408.06	云南	17 317.41
江苏	89 747.78	西藏	534.15
浙江	231 036.18	陕西	15 371.26
安徽	13 365.62	甘肃	3 701.40
福建	31 984.29	青海	1 587.97
江西	13 954.97	宁夏	1 735.22
山东	66 523.80	新疆	4 786.63
河南	30 252.70	深圳	130 366.99

表格 38　银行业金融机构行内支付系统分行别（按业务笔数）

行别	排名	行别	排名
中国建设银行	1	渤海银行	20
中国农业银行	2	中信银行	21
中国工商银行	3	花旗银行	22
农村商业银行	4	汇丰银行	23
广东发展银行	5	德意志银行	24
城市商业银行	6	浙商银行	25
中国邮政储蓄银行	7	友利银行	26
中国银行	8	东亚银行	27
农村信用社	9	华一银行	28
招商银行	10	华夏银行	29
中国民生银行	11	法国巴黎银行	30
兴业银行	12	中国进出口银行	31
农村合作银行	13	华侨银行	32
深圳发展银行	14	大华银行	33
恒丰银行	15	城市信用社	34
交通银行	16	三井住友银行	35
中国光大银行	17	外国银行分行	36
上海浦东发展银行	18	星展银行	37
中国农业发展银行	19	厦门国际银行	38

表格 39　银行业金融机构行内支付系统分行别（按业务金额）

行别	排名	行别	排名
中国工商银行	1	中信银行	20
城市商业银行	2	浙商银行	21
中国建设银行	3	中国农业发展银行	22
中国农业银行	4	德意志银行	23
中国银行	5	渤海银行	24
广东发展银行	6	汇丰银行	25
中国民生银行	7	华夏银行	26
农村商业银行	8	华一银行	27
农村信用社	9	中国进出口银行	28
兴业银行	10	法国巴黎银行	29
招商银行	11	东亚银行	30
中国光大银行	12	友利银行	31
交通银行	13	大华银行	32
中国邮政储蓄银行	14	外国银行分行	33
花旗银行	15	三井住友银行	34
上海浦东发展银行	16	星展银行	35
农村合作银行	17	华侨银行	36
深圳发展银行	18	城市信用社	37
恒丰银行	19	厦门国际银行	38

表格 40　同城清算业务量分地区（按业务笔数）

单位：万笔

省份	笔数	省份	笔数
北京	696.04	湖北	247.28
天津	333.02	湖南	43.42
河北	68.62	广东	1 610.08
山西	41.10	海南	0.00
内蒙古	57.69	广西	118.53
辽宁	468.11	重庆	196.94
吉林	44.34	四川	194.81
黑龙江	118.31	贵州	0.00
上海	531.52	云南	246.49
江苏	1 448.08	西藏	2.89
浙江	2 233.93	陕西	129.93
安徽	95.59	甘肃	71.49
福建	133.97	青海	20.33
江西	215.80	宁夏	1.02
山东	425.45	新疆	33.31
河南	86.06	深圳	93.92

表格 41　同城清算业务量分地区（按业务金额）

单位：亿元

省份	金额	省份	金额
北京	14 731.91	湖北	6 154.92
天津	6 854.21	湖南	1 526.38
河北	1 600.56	广东	8 548.18
山西	1 115.33	海南	0.00
内蒙古	1 239.85	广西	3 064.73
辽宁	7 908.70	重庆	4 869.77
吉林	1 265.92	四川	5 209.86
黑龙江	2 708.27	贵州	0.00
上海	7 933.26	云南	4 536.23
江苏	43 054.12	西藏	79.88
浙江	23 172.99	陕西	3 327.52
安徽	1 956.23	甘肃	1 106.23
福建	1 985.95	青海	543.80
江西	3 208.98	宁夏	5.17
山东	13 476.71	新疆	663.70
河南	3 249.39	深圳	378.70

表格 42　同城清算业务量分行别（按业务笔数）

行别	排名	行别	排名
中国工商银行	1	瑞穗实业银行	30
中国农业银行	2	花旗银行	31
中国建设银行	3	国家开发银行	32
城市商业银行	4	厦门国际银行	33
中国银行	5	友利银行	34
农村信用社	6	东方汇理银行	35
交通银行	7	恒生银行	36
农村商业银行	8	企业银行	37
中信银行	9	星展银行	38
上海浦东发展银行	10	澳大利亚和新西兰银行	39
招商银行	11	华一银行	40
广东发展银行	12	南洋商业银行	41
华夏银行	13	外换银行	42
中国光大银行	14	韩亚银行	43
中国民生银行	15	新韩银行	44
中国邮政储蓄银行	16	苏格兰皇家银行	45
兴业银行	17	大新银行	46
深圳发展银行	18	大华银行	47
城市信用社	19	华侨银行	48
中国农业发展银行	20	永亨银行	49
汇丰银行	21	首都银行	50
恒丰银行	22	中国进出口银行	51
渤海银行	23	法国巴黎银行	52
浙商银行	24	摩根大通银行	53
东亚银行	25	法国兴业银行	54
三井住友银行	26	华商银行	55
三菱东京日联银行	27	华美银行	56
渣打银行	28	盘谷银行	57
德意志银行	29	中信银行国际	58

表格 43 同城清算业务量分行别（按业务金额）

行别	排名	行别	排名
中国工商银行	1	外国银行分行	30
中国建设银行	2	渣打银行	31
中国农业银行	3	瑞穗实业银行	32
城市商业银行	4	德意志银行	33
中国银行	5	厦门国际银行	34
农村商业银行	6	友利银行	35
交通银行	7	恒生银行	36
上海浦东发展银行	8	企业银行	37
中信银行	9	中国进出口银行	38
招商银行	10	星展银行	39
中国民生银行	11	南洋商业银行	40
华夏银行	12	大新银行	41
兴业银行	13	东方汇理银行	42
中国光大银行	14	韩亚银行	43
农村合作银行	15	华侨银行	44
中国邮政储蓄银行	16	澳大利亚和新西兰银行	45
广东发展银行	17	新韩银行	46
深圳发展银行	18	大华银行	47
中国农业发展银行	19	法国兴业银行	48
国家开发银行	20	华一银行	49
渤海银行	21	首都银行	50
浙商银行	22	法国巴黎银行	51
恒丰银行	23	苏格兰皇家银行	52
汇丰银行	24	外换银行	53
城市信用社	25	永亨银行	54
东亚银行	26	摩根大通银行	55
三菱东京日联银行	27	华美银行	56
三井住友银行	28	华商银行	57
花旗银行	29	盘谷银行	58

表格 44　人民币单位银行结算账户数量分地区

单位：万户

省份	数量	省份	数量
北京	111.92	湖北	76.12
天津	51.22	湖南	59.96
河北	92.25	广东	221.53
山西	49.57	海南	17.74
内蒙古	36.34	广西	49.24
辽宁	95.59	重庆	40.80
吉林	36.83	四川	85.80
黑龙江	51.50	贵州	30.34
上海	177.66	云南	57.72
江苏	295.69	西藏	2.55
浙江	210.79	陕西	64.77
安徽	70.72	甘肃	29.42
福建	79.10	青海	7.89
江西	48.95	宁夏	12.99
山东	180.66	新疆	31.87
河南	102.18	深圳	91.77

表格 45　人民币单位银行结算账户数量分行别

行别	排名	行别	排名
中国工商银行	1	外国银行分行	32
中国农业银行	2	厦门国际银行	33
农村信用社	3	三井住友银行	34
城市商业银行	4	华一银行	35
中国建设银行	5	星展银行	36
中国银行	6	友利银行	37
农村商业银行	7	恒生银行	38
交通银行	8	中国进出口银行	39
招商银行	9	德意志银行	40
上海浦东发展银行	10	韩亚银行	41
中信银行	11	南洋商业银行	42
中国邮政储蓄银行	12	新韩银行	43
中国民生银行	13	企业银行	44
兴业银行	14	永亨银行	45
广东发展银行	15	华侨银行	46
华夏银行	16	大华银行	47
中国光大银行	17	外换银行	48
深圳发展银行	18	苏格兰皇家银行	49
中国农业发展银行	19	华商银行	50
农村合作银行	20	法国巴黎银行	51
城市信用社	21	澳大利亚和新西兰银行	52
恒丰银行	22	摩根大通银行	53
浙商银行	23	大新银行	54
国家开发银行	24	法国兴业银行	55
渣打银行	25	东方汇理银行	56
渤海银行	26	首都银行	57
汇丰银行	27	华美银行	58
东亚银行	28	盘谷银行	59
三菱东京日联银行	29	中信银行国际	60
瑞穗实业银行	30	蒙特利尔银行	61
花旗银行	31	摩根士丹利国际银行	62

表格 46　基本存款账户数量分地区

单位：万户

省份	数量	省份	数量
北京	81.51	湖北	44.96
天津	25.50	湖南	35.84
河北	57.39	广东	140.83
山西	32.87	海南	12.10
内蒙古	22.53	广西	30.17
辽宁	64.54	重庆	25.76
吉林	26.55	四川	56.46
黑龙江	34.93	贵州	16.19
上海	103.82	云南	28.16
江苏	159.70	西藏	1.77
浙江	123.47	陕西	35.88
安徽	42.10	甘肃	15.52
福建	48.25	青海	4.58
江西	27.06	宁夏	7.05
山东	90.97	新疆	19.20
河南	57.95	深圳	48.48

表格 47　基本存款账户数量分行别

行别	排名	行别	排名
中国工商银行	1	华一银行	31
中国农业银行	2	三菱东京日联银行	32
农村信用社	3	韩亚银行	33
城市商业银行	4	厦门国际银行	34
中国建设银行	5	新韩银行	35
中国银行	6	瑞穗实业银行	36
农村商业银行	7	德意志银行	37
交通银行	8	南洋商业银行	38
招商银行	9	星展银行	39
中国邮政储蓄银行	10	外换银行	40
上海浦东发展银行	11	恒生银行	41
中信银行	12	企业银行	42
广东发展银行	13	三井住友银行	43
兴业银行	14	苏格兰皇家银行	44
中国民生银行	15	澳大利亚和新西兰银行	45
中国光大银行	16	大华银行	46
华夏银行	17	摩根大通银行	47
深圳发展银行	18	永亨银行	48
农村合作银行	19	华侨银行	49
城市信用社	20	大新银行	50
中国农业发展银行	21	华商银行	51
恒丰银行	22	首都银行	52
汇丰银行	23	东方汇理银行	53
渤海银行	24	国家开发银行	54
浙商银行	25	法国巴黎银行	55
东亚银行	26	盘谷银行	56
渣打银行	27	中国进出口银行	57
友利银行	28	法国兴业银行	58
花旗银行	29	中信银行国际	59
外国银行分行	30	华美银行	60

表格 48　人民币单位银行结算账户净开户数量分地区

单位：万户

省份	数量	省份	数量
北京	2.95	湖北	2.88
天津	1.23	湖南	1.88
河北	2.52	广东	6.70
山西	0.41	海南	0.61
内蒙古	1.29	广西	1.75
辽宁	2.70	重庆	2.07
吉林	0.86	四川	2.91
黑龙江	1.31	贵州	1.07
上海	3.63	云南	1.81
江苏	9.35	西藏	0.05
浙江	9.19	陕西	1.87
安徽	3.13	甘肃	0.82
福建	3.60	青海	0.23
江西	2.06	宁夏	0.57
山东	6.67	新疆	0.99
河南	4.34	深圳	2.00

表格 49　人民币单位银行结算账户净开户数量分行别

行别	排名	行别	排名
农村商业银行	1	华一银行	34
中国工商银行	2	友利银行	35
中国银行	3	企业银行	36
城市商业银行	4	南洋商业银行	37
中国农业银行	5	华侨银行	38
中国建设银行	6	恒生银行	39
中国邮政储蓄银行	7	韩亚银行	40
中国民生银行	8	新韩银行	41
交通银行	9	华商银行	42
上海浦东发展银行	10	法国巴黎银行	43
兴业银行	11	星展银行	44
招商银行	12	大新银行	45
中信银行	13	大华银行	46
华夏银行	14	德意志银行	47
广东发展银行	15	澳大利亚和新西兰银行	48
中国光大银行	16	摩根大通银行	49
中国农业发展银行	17	外换银行	50
浙商银行	18	东方汇理银行	51
恒丰银行	19	首都银行	52
渤海银行	20	华美银行	53
渣打银行	21	中信银行国际	54
东亚银行	22	法国兴业银行	55
国家开发银行	23	盘谷银行	56
深圳发展银行	24	蒙特利尔银行	57
汇丰银行	25	正信银行	58
三菱东京日联银行	26	新联商业银行	59
外国银行分行	27	协和银行	60
三井住友银行	28	宁波国际银行	61
瑞穗实业银行	29	摩根士丹利国际银行	62
厦门国际银行	30	苏格兰皇家银行	63
花旗银行	31	城市信用社	64
永亨银行	32	农村合作银行	65
中国进出口银行	33	农村信用社	66

表格 50　基本存款账户净开户数量分地区

单位：万户

省份	数量	省份	数量
北京	2.01	湖北	1.56
天津	0.65	湖南	1.08
河北	1.53	广东	3.85
山西	0.23	海南	0.43
内蒙古	0.69	广西	1.06
辽宁	1.65	重庆	1.41
吉林	0.62	四川	1.72
黑龙江	0.89	贵州	0.61
上海	2.18	云南	1.15
江苏	5.10	西藏	0.03
浙江	4.33	陕西	1.05
安徽	1.61	甘肃	0.39
福建	1.72	青海	0.15
江西	0.94	宁夏	0.28
山东	3.00	新疆	0.60
河南	2.39	深圳	1.40

表格 51　基本存款账户净开户数量分行别

行别	排名	行别	排名
农村商业银行	1	韩亚银行	34
中国工商银行	2	星展银行	35
中国银行	3	首都银行	36
中国农业银行	4	三菱东京日联银行	37
城市商业银行	5	外换银行	38
中国建设银行	6	永亨银行	39
中国邮政储蓄银行	7	华侨银行	40
交通银行	8	大新银行	41
兴业银行	9	摩根大通银行	42
上海浦东发展银行	10	澳大利亚和新西兰银行	43
中国民生银行	11	瑞穗实业银行	44
招商银行	12	恒生银行	45
中信银行	13	德意志银行	46
华夏银行	14	盘谷银行	47
广东发展银行	15	国家开发银行	48
中国光大银行	16	法国巴黎银行	49
深圳发展银行	17	中信银行国际	50
恒丰银行	18	华商银行	51
浙商银行	19	法国兴业银行	52
渤海银行	20	东方汇理银行	53
东亚银行	21	中国进出口银行	54
中国农业发展银行	22	正信银行	55
汇丰银行	23	新联商业银行	56
友利银行	24	协和银行	57
新韩银行	25	宁波国际银行	58
三井住友银行	26	摩根士丹利国际银行	59
渣打银行	27	蒙特利尔银行	60
华一银行	28	华美银行	61
厦门国际银行	29	大华银行	62
花旗银行	30	苏格兰皇家银行	63
南洋商业银行	31	城市信用社	64
外国银行分行	32	农村合作银行	65
企业银行	33	农村信用社	66

表格 52　基本存款账户流入数量分行别

行别	排名	行别	排名
农村商业银行	1	恒丰银行	21
城市商业银行	2	城市信用社	22
中国工商银行	3	渤海银行	23
中国建设银行	4	浙商银行	24
中国银行	5	东亚银行	25
中国农业银行	6	友利银行	26
农村信用社	7	汇丰银行	27
交通银行	8	花旗银行	28
上海浦东发展银行	9	华一银行	29
招商银行	10	韩亚银行	30
中国民生银行	11	厦门国际银行	31
兴业银行	12	企业银行	32
中信银行	13	中国进出口银行	33
广东发展银行	14	外国银行分行	34
中国邮政储蓄银行	15	首都银行	35
华夏银行	16	渣打银行	36
中国光大银行	17	星展银行	37
深圳发展银行	18	新韩银行	38
农村合作银行	19	南洋商业银行	39
中国农业发展银行	20		

表格 53 基本存款账户流出数量分行别

行别	排名	行别	排名
农村合作银行	1	恒丰银行	24
农村信用社	2	东亚银行	25
中国工商银行	3	浙商银行	26
中国农业银行	4	渣打银行	27
城市商业银行	5	友利银行	28
中国银行	6	新韩银行	29
中国建设银行	7	外国银行分行	30
城市信用社	8	韩亚银行	31
农村商业银行	9	德意志银行	32
中国邮政储蓄银行	10	厦门国际银行	33
交通银行	11	苏格兰皇家银行	34
招商银行	12	华一银行	35
广东发展银行	13	花旗银行	36
中信银行	14	首都银行	37
上海浦东发展银行	15	瑞穗实业银行	38
兴业银行	16	南洋商业银行	39
华夏银行	17	大新银行	40
中国光大银行	18	三菱东京日联银行	41
中国民生银行	19	华侨银行	42
深圳发展银行	20	国家开发银行	43
中国农业发展银行	21	法国兴业银行	44
汇丰银行	22	澳大利亚和新西兰银行	45
渤海银行	23		

表格 54　基本存款账户净流入数量分行别

行别	排名	行别	排名
农村商业银行	1	摩根大通银行	34
城市商业银行	2	蒙特利尔银行	35
中国建设银行	3	华商银行	36
中国银行	4	华美银行	37
中国民生银行	5	恒生银行	38
上海浦东发展银行	6	法国巴黎银行	39
交通银行	7	东方汇理银行	40
兴业银行	8	大华银行	41
招商银行	9	厦门国际银行	42
中信银行	10	三菱东京日联银行	43
深圳发展银行	11	南洋商业银行	44
中国光大银行	12	华侨银行	45
华夏银行	13	韩亚银行	46
中国农业发展银行	14	国家开发银行	47
恒丰银行	15	法国兴业银行	48
浙商银行	16	澳大利亚和新西兰银行	49
友利银行	17	瑞穗实业银行	50
花旗银行	18	大新银行	51
企业银行	19	中国工商银行	52
中国进出口银行	20	外国银行分行	53
华一银行	21	苏格兰皇家银行	54
星展银行	22	新韩银行	55
中信银行国际	23	德意志银行	56
正信银行	24	东亚银行	57
永亨银行	25	渤海银行	58
新联商业银行	26	渣打银行	59
协和银行	27	汇丰银行	60
外换银行	28	广东发展银行	61
首都银行	29	中国邮政储蓄银行	62
三井住友银行	30	中国农业银行	63
盘谷银行	31	农村信用社	64
宁波国际银行	32	城市信用社	65
摩根士丹利国际银行	33	农村合作银行	66